¡CONSIGUE ESE TRABAJO!

Consejos para crear un currículo y presentarse a
entrevistas para los recién licenciados

DISCARDED

By Jack Bernstein

About InterLingua Educational Publishing

InterLingua Educational Publishing is an online, mobile and hardcopy publisher of kindergarten through college study aids. The company's ENGLITS summaries of required reading supplements high school and college English literature texts (www.EngLits.com). Its TADELL series of assessment and development materials assists non-English speaking elementary and middle school students with their math skills (www. TADELL.com). And, the company's career development books and CD's include Spanish GED test prep materials help students who have left the public school system to obtain a high school equivalency certificate, and the bilingual resume writing and interviewing skills workbook GET THAT JOB! / ¡CONSIGUE ESE TRABAJO! (www.SpanishGED.org). InterLingua Educational Publishing is part of the InterLingua family of companies. To learn more about the whole company, please visit www. InterLinguaPublishing.com.

For more information, contact InterLingua Educational Publishing

423 South Pacific Coast Highway, Suite 208,
Redondo Beach, CA 90277 USA

Tel: (310) 792-3637 • Fax: (310) 356-3578 • E-mail: GED@SpanishGED.org

ÍNDICE

1.
INTRODUCCIÓN

¡Felicitaciones! Terminaste tus estudios.

¿Qué piensas hacer ahora?

Siempre se puede "conseguir un empleo", pero ya no es lo mismo que antes. Ahora buscas una carrera profesional. En este momento, quieres algo más que un trabajo que solamente te dé dinero: ahora quieres dar el primer paso hacia el futuro.

Entonces, ¿qué debes hacer para empezar tu carrera profesional?

Lo primero que debes hacer es leer este libro y luego hacer los ejercicios que aparecen. Este libro no sólo tiene como finalidad ayudarte a armar un currículo efectivo y a prepararte para una entrevista, sino que también te ayudará a conocerte un poco más, para que elijas una profesión que sea más compatible con tus intereses. En el momento que termines de leer este libro, tendrás un currículo, una idea de a quién enviárselo y estarás listo para la entrevista.

Conseguir un buen empleo y comenzar una trayectoria profesional a veces parece lo más difícil del mundo. Sabes que si te dan la oportunidad, conseguirás el empleo, pero siempre parece haber algo que se interpone en tu camino. Puede ser que no tengas la experiencia adecuada, y que tampoco consigas el empleo que te ofrezca esa experiencia, o que siempre haya alguien que consiga el empleo que quieres. Lo que es peor, muchas veces es difícil conseguir una entrevista para decirles lo duro que trabajarás y lo bueno que puedes llegar a ser como empleado.

Es muy difícil comenzar una profesión nueva o adentrarse en un campo nuevo, y no hay manera de evitarlo. Sólo queda perseverar. Pero tendrás más posibilidades si eres un candidato más profesional que el resto y si logras impresionar al empleador con tu currículo y durante la entrevista.

Dado que recién empiezas tu carrera profesional, es importante que el empleo que aceptes sea uno que realmente te interese, ya que así estarás más contento y trabajarás mejor. Lo menos recomendable en esta etapa de tu carrera profesional es conseguir una serie de empleos cortos en los cuales no te desempeñes bien, porque no te agrada la empresa o el tipo de trabajo.

Además, si te agrada el trabajo, permanecerás allí durante varios años, lo cual significa que tendrás la posibilidad de aprender el negocio y ampliar tus conocimientos. Si no te imaginas quedándote mucho tiempo en la empresa y que te asciendan a puestos con más autoridad y responsabilidad, quizás estés yendo a una entrevista en la empresa equivocada.

Como ya dijimos, el primer paso para despegar en tu profesión es saber más acerca de las cosas que te gustan y las que no te gustan. La próxima sección del libro se ocupará precisamente de eso.

TÚ ERES EL CENTRO

Si nunca te sentaste a pensar en ti — qué cosas haces bien, qué te gusta y qué no, qué tipo de empleos te interesan — llegó el momento de hacerlo, antes de armar el currículo y de ir a la primera entrevista. Para que tu nuevo empleo sea una situación en la que todos salgan ganando debes asegurarte de que tus intereses, aptitudes y la carrera profesional a la que te vas a dedicar estén en sincronía. Si te gusta lo que haces, trabajarás mejor, y tu empleador lo reconocerá y te recompensará.

Cuando respondas las preguntas a continuación, ten en cuenta que no hay respuestas correctas o incorrectas, y que tampoco es un perfil completo de personalidad. La finalidad de este ejercicio es que comiences a pensar en las cosas que te gustan, las que no te gustan y en tus aptitudes. No dudes en discutir las preguntas y respuestas con tus amigos, familiares y demás personas que merecen tu respeto para obtener una idea más cabal de cómo eres.

PARTE I. OBJETIVOS E INTERESES

¿Qué te gustaría estar haciendo, qué te gustaría tener, dónde te gustaría estar dentro de cinco años?

_____

_____

_____

_____

_____

Enumera las actividades que más disfrutas y explica por qué te gustan.

_____

_____

_____

_____

_____

Enumera las materias que más te gustaban en la escuela y explica por qué te gustaban.

_____

_____

_____

_____

_____

Enumera tus trabajos anteriores y explica qué te gustaba y qué no te gustaba de cada uno de ellos.

_____

_____

_____

_____

_____

¿Qué palabras son las que mejor te describen?

_____

_____

_____

_____

_____

PARTE II. ¿CON CUÁLES TE IDENTIFICAS MÁS?

Lee atentamente la información que aparece a continuación y decide cuáles de estas características te describen mejor. Es posible que te identifiques un poco con cada uno de los seis grupos incluidos, pero lo más probable es que te identifiques mucho más con uno, o quizás dos, de ellos.

Grupo 1

- Me considero atlético

- Amo la naturaleza

- Me da curiosidad el mundo físico
  (la naturaleza, el espacio, los seres vivos)

- Soy independiente

- Me gusta reparar cosas

- Me gustan los trabajos manuales
  (ocuparme del jardín, ayudar a arreglar la casa)

- Me gusta hacer ejercicio

- Me gusta ahorrar dinero

- Sigo trabajando hasta que las cosas se terminen

- Me gusta trabajar solo

Quienes pertenecen a este grupo se sienten atraídos por profesiones que implican esfuerzo físico, conocimiento de los principios mecánicos o destrezas manuales. Disfrutan trabajar al aire libre, con herramientas y máquinas, y utilizar las habilidades físicas, en profesiones tales como mecánica, deportes, oficios, construcción o servicios militares. Estas personas se caracterizan por ser francas, genuinas, honestas, materialistas, naturales y prácticas.

Grupo 2

- Soy muy precavido y cuidadoso

- Todo me produce curiosidad

- Puedo realizar cálculos complejos

- Me gusta resolver problemas matemáticos

- Me gusta usar la computadora

- Me gusta leer libros en todo momento

- Me gusta coleccionar cosas(piedras, estampillas, monedas)

- Me gustan los crucigramas

- Me gusta la clase de ciencia o las materias relacionadas con la ciencia

- Me gustan los desafíos

A aquellos que pertenecen a este grupo les gusta trabajar en ámbitos de investigación, prefieren las actividades científicas y los desafíos intelectuales. Entre sus intereses se encuentran leer artículos sobre temas técnicos, resolver problemas que implican un desafío, reúnir información, descubrir teorías o hechos nuevos y analizar e interpretar datos. Quienes pertenecen a este grupo a menudo buscan profesiones relacionadas con la ciencia, la matemática, la investigación académica, los centros médicos, la salud o las áreas relacionadas con la computación, y a menudo se caracterizan por ser analíticos, críticos, curiosos, independientes, metódicos y racionales.

Grupo 3

- Soy muy creativo

- Me gusta pintar y dibujar

- Sé tocar algún instrumento musical

- Me gusta diseñar mi propia ropa o vestirme con un estilo distinto

- Me gusta leer ficción, obras y poesías

- Me gustan el arte y las manualidades

- Veo muchas películas

- Me gusta fotografiar todo lo que veo(pájaros, gente, paisajes)

- Me gusta aprender otros idiomas

- Me gusta cantar, actuar y bailar

Quienes pertenecen a este grupo se sienten atraídos por los ámbitos artísticos, valoran las cualidades estéticas y buscan poder expresarse. Prefieren ámbitos poco estructurados y flexibles, y a menudo buscan empleos relacionados con el arte, la música, el drama, la escritura, la cocina, la biblioteconomía y el trabajo en museos. Las personas en este grupo se caracterizan por ser complicadas, alborotadas, expresivas, disconformes y originales.

Grupo 4

- Soy muy sociable

- Me gusta dar clases o enseñar a los demás

- Me gusta hablar delante de la gente

- Trabajo bien con mis compañeros y amigos

- Me gusta liderar los debates

- Me gusta ayudar a los demás cuando tienen un problema

- Me gustan los deportes en equipo

- Me gusta ir a fiestas

- Me gusta relacionarme con gente nueva

- Me gusta trabajar con grupos sociales en mi parroquia

A las personas que pertenecen a este grupo les gustan los ámbitos sociales y prefieren actividades que requieran trabajar con los demás para informarlos, capacitarlos, curarlos o desarrollarlos de algún modo. Les gusta trabajar en grupo, compartir responsabilidades y comunicarse con los demás, y a menudo buscan profesiones relacionadas con la educación, la salud, la psicología, el trabajo social y la psicoterapia. Quienes pertenecen a este grupo se caracterizan por ser colaboradores, generosos, pacientes, responsables y comprensivos.

Grupo 5

- Me gusta aprender sobre el dinero

- Me gusta vender cosas
  (actividades para recaudar dinero para la escuela o la iglesia)

- Me considero popular en la escuela

- Me gusta liderar los grupos y los debates

- Me suelen elegir para mediar posiciones en grupos o clubes

- Me gusta el poder y el liderazgo

- Quiero tener un pequeña empresa

- Me gusta ahorrar dinero

- Sigo trabajando hasta que las cosas se terminen

- Me gusta asumir riesgos y participar en aventuras nuevas.

Los que pertenecen a este grupo se siente cómodos en un ámbito empresarial y disfrutan de influenciar, liderar, vender o dirigir a los demás como parte de las metas de la organización o para lograr el éxito económico. Les gusta persuadir a los demás con sus puntos de vista y prefieren las tareas sociales en las cuales pueden asumir una posición de liderazgo. A menudo buscan profesiones relacionadas con la gestión empresarial, las ventas, la política, la dirección o la ley, y suelen caracterizarse por ser aventureros, ambiciosos, dominantes, optimistas y sociables.

Grupo 6

- Soy muy organizado y prolijo

- Me gusta mantener mi cuarto limpio y ordenado

- Me gusta coleccionar recortes de diarios sobre hechos famosos

- Hago lista de las cosas

- Me gusta la computadora

- Soy muy práctico y analizo todos los precios antes de comprar algo

- Prefiero escribir a máquina un trabajo práctico de la escuela que entregarlo manuscrito

- Me gusta hacer de secretario en los clubes o grupos

- Reviso dos veces todas las tareas de matemática

- Me gusta escribir cartas

Los que pertenecen a este grupo prefieren trabajar en ámbitos estructurados y prefieren actividades que requieran prestar atención a la precisión y a los detalles. Suelen preferir trabajar para grandes organizaciones y trabajan muy bien dentro de una cadena de mando bien establecida. Generalmente buscan empleo en entidades bancarias, empresas contables, gestión de datos o tareas administrativas. Las personas de este grupo se caracterizan por ser detallistas, meticulosas, eficientes, organizadas y prácticas.

2.

PROFESIONES

Para ayudarte a pensar en las distintas careras profesionales, los departamentos de educación de distintos gobiernos estatales han agrupado las profesiones en dieciséis categorías, según se detalla a continuación. El objetivo de esta lista no es ser exhaustiva, sino ayudarte a pensar en las careras profesionales que podrían interesarte. En Internet podrás encontrar información detallada sobre cada uno de los distintos campos, y si no tienes acceso a una computadora, pídele ayuda al bibliotecario o consejero escolar de tu zona.

1. AGRICULTURA, ALIMENTOS Y RECURSOS NATURALES

¿Te gusta trabajar al aire libre? ¿Te interesa descubrir nuevas maneras de cultivar alimentos o descubrir mejores formas de utilizar nuestros recursos naturales? La industria agrícola y de recursos naturales es una excelente elección profesional para aquellos a quienes les gusta trabajar con la tierra y sus recursos.

- Entrenador de animales: Entrena animales para montar, colocar arnés, por seguridad, para actuar, enseñarles obediencia o para ayudar a discapacitados.

- Granjero / Ranchero: Realiza tareas generales de granja según las órdenes de los granjeros, encargados o supervisores. Puede supervisar al personal temporal durante la siembra y el cultivo.

- Operador de equipo de tala / Leñador, Talador: Conduce tractores equipados con uno o más accesorios, tal como cuchilla topadora, corte hidráulico, grapa, arco para leña, malacate o brazo de grúa para cortar y derribar árboles.

- Supervisor agrícola / Supervisor de cuidado de animales / Supervisor de horticultura: Supervisa a los trabajadores que cultivan, siembran y cosechan cultivos y cuidan al ganado. Contrata, entrena y asigna tareas a los trabajadores. Puede encargarse de los contratos laborales, del alojamiento y del transporte de los trabajadores.

- Técnico agrícola / Asistente de biología / Técnico químico: Trabaja con los biólogos para estudiar los seres vivos. Arma, maneja y mantiene los instrumentos de laboratorio. Monitorea los experimentos, hace observaciones, calcula y registra los resultados.

- Guardabosques / Ecologista forestal / Jefe de campo: Desarrolla formas para proteger a los bosques de los incendios, insectos, enfermedades, inundaciones y la erosión. Busca desarrollar métodos nuevos y mejorados para conservar los recursos. Trabaja con los granjeros, rancheros y demás administradores de tierras para desarrollar programas de conservación.

- Técnico forestal / Técnicos en conservación / Plantador de árboles / Auxiliar forestal: Recopila datos sobre la extensión, el contenido, las condiciones y otras características de las áreas forestales. Bajo la dirección de los guardabosques, brinda asistencia técnica sobre la conservación del suelo, del agua y de los recursos naturales asociados.

- Jardinero paisajista / Trabajador de mantenimiento de césped / Paisajista / Trabajador de horticultura: Se encarga de los paisajes y de mantener los jardines, el césped y los terrenos de propiedades públicas y privadas.

- Administrador de viveros o invernaderos / Administrador de servicio de césped: Planifica y coordina las tareas en viveros, invernaderos y plantaciones de plantas ornamentales. Dirige a los trabajadores que cultivas y cosechan productos hortícolas. Está a cargo de la compra de los materiales necesarios para el cuidado de árboles y plantas.

- Operador de planta potabilizadora y de tratamiento de agua / Operador de estación de bombeo de agua / Operador de tratamiento de residuos: Elimina la contaminación nociva de las aguas servidas industriales y residenciales. Controla los equipos que transportan el agua por el proceso de tratamiento y desecha los materiales residuales. Toma muestras del agua, realiza análisis químico de laboratorio y ajusta la cantidad de químicos, por ejemplo de cloro, que hay en el agua.

- Investigador del suelo / de la siembra / Agrónomo / Administrador de granja: lleva a cabo investigaciones sobre la producción y la cosecha de plantas o cultivos. Desarrolla métodos para la conservación y la administración del suelo que son útiles para los granjeros y las empresas forestales.

- Zoólogo/ Biólogo especialista en fauna silvestre/ Patólogo humano y animal: Investiga y estudia el origen, el comportamiento, las enfermedades, los procesos de la vida y la distribución de la vida animal. Utiliza computadoras para registrar y analizar los datos recopilados.

2. ARQUITECTURA Y CONSTRUCCIÓN

¿Puedes construir cosas en tu mente? ¿Tienes la habilidad de visualizar un proyecto y dibujarlo? Las profesiones comprendidas en este grupo ofrecen una amplia gama de tareas. Abarcan desde el diseño del edificio hasta la construcción.

- Ayudante de carpintería: Ayuda a los carpinteros o a quienes tienen un oficio relacionado con la carpintería. Algunas de las tareas que realiza son sostener materiales o herramientas y limpiar las áreas de trabajo y los equipos.

- Ayudante de plomero / montador de tuberías: Ayuda a los plomeros o montadores de tuberías en la distribución, el armado y la instalación de las conducciones de los sistemas de aire, amoníaco, gas y agua.

- Albañil / Colocador de ladrillos / Reparador de chimeneas: Coloca ladrillos, bloques de cemento, paneles de mampostería y otros materiales de albañilería. Construye y repara muros, pisos, muros divisores, chimeneas y otras estructuras.

- Carpintero / Reparador de casas / Constructor de botes de madera: Corta, ajusta y arma maderas y otros materiales para la construcción de edificios, muelles, barcos y muchas otras estructuras. Trabaja con planos para medir y marcar los materiales. Corta y da forma a los materiales y los une con clavos, tornillos, grapas o material adhesivo.

- Inspector de obras y edificios / Inspector de plomería, Inspector de electricidad: Examina la construcción, alteración o reparación de estructuras para asegurarse de que los métodos y materiales utilizados para construir y reparar las estructuras cumplan con las reglamentaciones. Inspecciona edificios, autopistas y calles, sistemas de agua y desagüe, diques, puentes y otras estructuras.

- Contratista / Gerente de obra, Supervisor de puentes y edificios: Dirige a los supervisores de obra y monitorea el progreso de las tareas de obra, incluido la entrega y el uso de materiales, insumos, maquinaria, equipos y vehículos. Dirige o controla el cumplimiento de los códigos de edificación y seguridad.

- Colocador / Pintor de placas de yeso / Instalador, Colocador de paneles Sheetrock: Instala y se ocupa del acabado de los paneles de yeso para paredes y techos en casas y edificios. Mide, corta y ajusta los paneles alrededor de ventanas, puertas y tomacorrientes.

- Electricista / Electricista de aeropuertos, Reparador de luces viales: Instala, conecta y repara la instalación eléctrica de los edificios. Pasa los cables por un conducto para conectar llaves y enchufes. Instala cables de fibra óptica para computadoras o equipos de telecomunicación.

- Mecánico de calefacción y aire acondicionado / Instalador de sistemas de energía solar / Instalador de calefacción central: Instala, mantiene y repara equipos de calefacción y aire acondicionado. Trabaja con los componentes mecánicos, eléctricos y electrónicos. Controla los defectos y repara o reemplaza partes.

- Agrimensor, Experto en SIG, Cartógrafo: Investiga y suministra datos sobre la ubicación, elevación y forma del terreno para realizar tareas de ingeniería, cartografía, construcción y para otros fines.

- Arquitecto / Consultor de planta escolar: Planifica, diseña y supervisa la construcción de viviendas, oficinas, aeropuertos o autopistas. Utiliza sistemas de diseño y dibujo asistido por computadora (CADD, por su sigla en inglés) para preparar dibujos detallados.

- Arquitecto paisajista / Planificador ambiental / Dibujante paisajista: Planifica y diseña los espacios verdes para uso residencial, parques públicos, campos universitarios, centros comerciales, aeropuertos, campos de golf, autopistas y parques industriales. Diseña áreas que son funcionales, decorativas y compatibles con el ambiente natural.

3. ARTE, COMUNICACIÓN Y TECNOLOGÍA AUDIOVISUAL

¿Te gusta la idea de transformar imágenes abstractas en formas que los demás puedan ver? Si tienes la habilidad de ser muy creativo y expresivo, puedes explorar muchas alternativas en este campo.

- Actor / Comediante / Mago: Desempeña papeles dramáticos, de acción, rutinas de comedia o trucos de ilusionismo para el público en un escenario, en televisión o en una película cinematográfica. Por lo general, es necesario contar con una capacitación formal; no obstante, algunos comienzan a trabajar en este campo sin capacitación.

- Bailarín / Coreógrafo: Baila solo, con pareja o con un grupo para entretener al público. Puede bailar en ballets, espectáculos de comedia musical, conciertos, televisión, películas, comerciales u otro tipo de producciones.

- Músico / Cantante / Compositor / Director de música: Toca un instrumento musical o más solo, con acompañante o como integrante de una orquesta, banda u otro grupo musical. Se recomienda una capacitación formal para triunfar en las distintas profesiones relacionadas con la música.

- Técnico de transmisión / Operador de audio / Técnico de televisión: Trabaja con equipos electrónicos utilizados para grabar y transmitir programas de radio y televisión. Opera cámaras, micrófonos, emisoras u otros equipos para regular la potencia de la señal o la claridad de las grabaciones o transmisiones.

- Editor de cine / Editor de video / Editor de sonido / Encargado de efectos visuales: Edita películas cinematográficas, videos de televisión y bandas sonoras. Revisa y selecciona las escenas según el valor dramático y de entretenimiento. Recorta distintas partes de una película para que tenga una duración determinada y las vuelve a juntar en orden.

- Diseñador gráfico / Animador, Artista de medios, Caricaturista: Crea arte y desarrolla el diseño de revistas, periódicos o diarios. Utiliza la computadora para diseñar nuevas imágenes o para modificar las existentes.

- Fotógrafo / Reportero gráfico, Fotógrafo aéreo: Toma imágenes utilizando cintas de video para películas o fotografías para medios impresos. Utiliza equipos de iluminación y distintos lentes para tomar fotografías de cerca, a una distancia media o a gran distancia.

- Productor / Director / Director de cine / Director de escena: El productor selecciona las obras o guiones, planifica la financiación y el presupuesto. Coordina las actividades de los guionistas y directores. El director interpreta los guiones; hace audiciones y selecciona el elenco; se encarga de los ensayos y dirige el trabajo del elenco y del equipo técnico.

- Especialista en relaciones públicas / Cabildero / Promotor de servicios de venta: Ayuda a los negocios, escuelas, hospitales y demás organizaciones a formar y mantener una buena imagen pública y a promover sus ideas, servicios o productos.

- Instalador / Reparador de líneas de telecomunicación/ Mecánico de equipos de comunicación / Encargado del cableado entre conmutadores y centrales telefónicas: Instala y repara los cables de fibra óptica para telecomunicaciones que conectan los teléfonos y la televisión por cable a los hogares de los usuarios. Utiliza equipos de testeo electrónico para inspeccionar periódicamente las líneas.

- Director de arte comercial / Director creativo / Gerente de producción: Formula conceptos de diseño, planifica presentaciones y dirige el equipo de trabajo artístico, diseño y redacción de textos publicitarios para comunicaciones visuales.

- Curador / Archivista / Técnico y conservador de museos: Planifica, dirige y coordina las actividades de un establecimiento que hace exposiciones, tal como museos, galerías de arte, jardines botánicos, zoológicos o sitios históricos.

- Bibliotecario / Asistente de bibliotecario: Ofrece servicios bibliotecarios tal como organizar y clasificar libros, publicaciones y materiales audiovisuales. Ayuda a los usuarios a buscar información en las bases de datos y a utilizar los recursos de la biblioteca.

4. NEGOCIOS, GESTIÓN Y ADMINISTRACIÓN

¿Te atrae la idea de estar en una oficina con gente que realiza actividades tan diversas como redactar contratos y responder el teléfono? Esta industria depende mucho de los que trabajan detrás del escenario para que todo marche sin complicaciones.

- Representante de atención al cliente / Encargado de pedidos / Encargado de información al cliente: Interactúa con los clientes para brindarles información sobre las consultas de productos y servicios y para manejar y resolver reclamos.

- Recepcionista / Encargado de información al cliente, Encargado de reclamos de seguro, Encargado de envíos y recepción: Recibe y acompaña a las visitas a una oficina o lugar de negocios, brinda información sobre las actividades o servicios brindados, la ubicación de los departamentos y los empleados dentro de la organización, y puede realizar otras tareas administrativas.

- Contador / Auditor / Contador de costos, Contador impositivo: Trabaja con números. Lleva los registros financieros de empresas, personas o del gobierno. Estos registros indican el dinero que se ganó, el que se gastó y el que se utilizó para pagar impuestos.

- Asistente administrativa / Secretaria ejecutiva / Secretaria administrativa / Secretaria legal: Ayuda a los ejecutivos por medio de la coordinación y dirección de servicios básicos de oficina, tal como la asignación de tareas al personal, el almacenamiento y la recuperación de registros, el control del presupuesto y la entrega de información al personal y a los clientes.

- Gerente de servicios administrativos / Administrador de tribunales, Gerente de oficina: Organiza la mecanografía, los archivos, los libros y los procedimientos de oficina de los empleados administrativos de una empresa u organización. Planifica, supervisa y asigna tareas al personal.

- General / Gerente de operaciones / Gerente de tienda departamental / Presidente: Coordina y dirige a la gente que trabaja en corporaciones, entidades sin fines de lucro y organismos del gobierno. Planifica, organiza y dirige las actividades de la organización.

- Asistente administrativo / Secretario médico / Secretario legal: Realiza actividades secretariales utilizando conocimientos específicos de la terminología y los procedimientos médicos. Utiliza computadoras personales y maneja equipos de oficina tales como máquinas de fax, fotocopiadoras y teléfonos con funciones de correo de voz.

- Gerente de recursos humanos / Gerente de contratación / Gerente de beneficios: Coordina los programas relativos al empleo y al trato de los trabajadores. Supervisa la contratación y el despido de los empleados y supervisa a los trabajadores. Desarrolla planes para informar a los trabajadores de sus derechos y beneficios laborales.

- Analista de gestión / Consultor de negocios / Analista de informes: Trabaja junto con las empresas para ayudarlas a funcionar con mayor eficiencia y eficacia. Ayuda a los gerentes a definir los problemas. Reúne, revisa y analiza la información. Presenta recomendaciones.

5. EDUCACIÓN Y CAPACITACIÓN

Si buscas un empleo gratificante, una buena alternativa es ser docente, ya que así podrás inspirar las mentes del futuro. En todo el país, existe una gran demanda de educadores y formadores, y las oportunidades son muchas.

- Instructor de aeróbica y entrenador físico / Entrenador personal / Trabajador recreativo: Prepara o entrena a grupos o individuos en actividades físicas y los fundamentos del deporte. Enseña las técnicas y los métodos y les transmite a los participantes las medidas correctivas para mejorar sus habilidades.

- Maestro auxiliar / Auxiliar de aula / Secretario de calificaciones: Prepara el material para usar en el aula, supervisa a los estudiantes y maneja los equipos audiovisuales bajo las instrucciones del maestro.

- Administrador de guardería / Auxiliar de guardería: Planifica, dirige y coordina las actividades académicas y no académicas de los programas o centros preescolares y guarderías infantiles. Trabaja con el personal y los padres para promover el progreso académico de los alumnos.

- Auxiliar de biblioteca / Bibliotecario de películas o cintas / Conductor de biblioteca móvil: Ayuda a los bibliotecarios a adquirir, preparar y organizar el material. Ingresa la información de catálogo en la computadora de la biblioteca y ayuda a la gente a utilizar los sistemas informáticos para buscar libros y materiales.

- Instructor de buceo / Buzo de búsqueda y recuperación / Soldador subacuático: Brinda entrenamiento sobre cómo utilizar los aparatos autónomos para la respiración subacuática (S.C.U.B.A., por sus siglas en ingles) que permiten a los buzos funcionar debajo del agua. Brindan capacitación en aulas, piscinas y aguas abiertas.

- Maestro de nivel primario / Maestro preescolar / Maestro particular para niños: Enseña números, lengua, ciencias naturales, ciencias sociales y otras actividades diseñadas para promover el crecimiento social, físico e intelectual de los niños. Utiliza juegos, música, arte, películas, computadoras y demás tecnología educativa.

- Maestro preescolar / Maestro de jardín de infantes / Maestro de centro de día: Instruye a los niños (generalmente de hasta 5 años de edad) del preescolar, centro de día u otro centro de desarrollo infantil. Lleva a cabo actividades diseñadas para desarrollar las aptitudes sociales, físicas e intelectuales necesarias para la escuela primaria.

- Director / Administrador educativo / Vicedirector: Planifica, desarrolla y administra los programas para brindar oportunidades educativas a los alumnos. Corrobora que los programas sean eficaces y que cumplan con las normas federales, estatales y locales.

- Asesor escolar / Especialista vocacional: Brinda servicios de asesoramiento personal y grupal sobre temas educativos y orientación vocacional. Puede dirigir centros de información vocacional y programas de capacitación profesional.

- Maestro de nivel secundario / Maestro de recursos, Instructor de educación física: Planifica las lecciones y tareas, dirige el aula y califica las pruebas y los trabajos prácticos. Dicta materias como lengua, matemática, estudios sociales o ciencias.

- Maestro de educación especial / Maestro de estudiantes con discapacidad en el aprendizaje / Maestro de estudiantes con trastornos emocionales: Enseña habilidades académicas y sociales a niños con necesidades especiales, tal como discapacitados o dotados. Planifica programas de educación individualizados, prepara lecciones y asigna tareas.

- Maestro de educación vocacional / Maestro de educación secundaria: Educa y capacita a estudiantes en áreas profesionales tales como salud, negocios, reparación de autos, comunicaciones y tecnología. Enseña oficios específicos con mucha demanda por parte de empleadores.

6. FINANZAS

En este campo, el dinero es lo principal y la paga suele ser muy alta. Mucha gente tiene dinero para ingresar en bancos o para invertir en las bolsas de valores, por lo tanto las oportunidades de empleo en este campo son cada vez mayores.

- Cajero / Cajero de caja fuerte / Cajero de moneda extranjera: Cobra cheques, acepta depósitos y pagos de préstamos y procesa las extracciones.

- Liquidador de sueldos / Especialista en impuestos: Calcula y asienta la información de salarios en los registros de nóminas salariales. Lleva un registro diario, semanal o mensual de las transacciones y actividades de nómina.

- Especialista en procesamiento de seguros / Evaluador, Encargado de cambio de política: Inspecciona las solicitudes de seguro para comprobar que se hayan respondido todas las preguntas. Prepara políticas nuevas, modifica las políticas existentes y brinda información a los productores de seguro.

- Encargado de préstamos / Oficial de préstamos / Asesor / Asesor de desembolso: Analiza los antecedentes crediticios y obtiene la información necesaria para determinar si alguien puede obtener un crédito. Se pone en contacto con los solicitantes, las agencias de informes crediticios y otras fuentes de información para actualizar y verificar los datos de los informes crediticios.

- Tasador de daño automotor para seguros / Asegurador / Investigador forense del área automotor: Evalúa el daño producido a un automotor o a otro vehículo para calcular el costo de reparación para el pago del reclamo del siniestro. Busca llegar a un acuerdo con el taller mecánico sobre el costo de la reparación.

- Empleado contable / Teneduría de libros / Empleado impositivo / Auditor: Registra los débitos y créditos y asienta las transacciones en los libros diarios o en los programas de computación para mantener actualizada la información financiera. Prepara informes.

- Analista financiero / Analista de inversiones / Asesor financiero personal: Brinda análisis y orientación sobre inversiones a empresas e individuos. Recopila información sobre análisis financieros. Presenta recomendaciones a inversores.

- Gerente financiero / Gerente de crédito y cobranza / Gerente de banco: Dirige las actividades de inversión y prepara informes económicos para empresas. Está a cargo de los gastos, decide cómo se utilizará el dinero y analiza las inversiones.

- Representante de ventas de servicios financieros / Agente de bolsa / Planificador financiero: Compra y vende títulos, bonos, fondos comunes de inversión, seguro u otros productos financieros para sus clientes. Ofrece asesoramiento e información sobre la compra o venta de productos financieros.

- Inspector de reclamación de seguro / Agente de reclamación: Analiza las reclamaciones de seguro para comprobar si las pólizas de los clientes cubren cada siniestro en particular. Se entrevista con gente, inspecciona los registros policiales e historias clínicas e inspecciona los daños materiales para determinar el grado de responsabilidad de la compañía de seguros frente a la persona que sufrió el siniestro.

- Asesor de préstamos / Oficial de préstamos comerciales / Asegurador de préstamo hipotecario: Ayuda a quienes desean solicitar un préstamo a reunir información financiera y a completar las solicitudes. Evalúa y recomienda la aprobación de préstamos comerciales, inmobiliarios o créditos. Asesora a los prestatarios sobre las opciones financieras y las formas de pago.

- Actuario: Aplica sus conocimientos de matemáticas, probabilidad, estadísticas y los principios de finanzas empresariales a los problemas en el área de seguros, rentas vitalicias y pensiones.

- Economista / Estadístico / Oficial de desarrollo económico: Realiza investigaciones, prepara informes o desarrolla pronósticos económicos. Interpreta y analiza los datos para generar estadísticas utilizables.

- Analista de investigación de mercado / Gerente de mercadotecnia: Investiga las condiciones de mercado en áreas locales, regionales o nacionales para determinar el potencial de venta de un producto o servicio. Puede utilizar los resultados de encuestas para crear una campaña publicitaria basada en preferencias regionales y hábitos de consumo.

7. ADMINISTRACIÓN PÚBLICA Y GOBIERNO

Los gobiernos, al igual que las empresas, están dirigidos por personas. Si trabajas para un gobierno local, estatal o federal, estás sirviendo a la gente de tu comunidad o de tu país.

- Oficial de licencias / Oficial de permiso para contraer matrimonio / Oficial de licencias de conducir: Expide licencias y permisos a quienes reúnen las condiciones. Toma pruebas para corroborar si los solicitantes cumplen los requisitos. Puede expedir licencias de conducir, permisos para vender bebidas alcohólicas, permisos para contraer matrimonio u otras licencias. Interroga a los solicitantes y deja asentada la información. Recibe el pago de los aranceles.

- Secretario municipal / Secretario de registros públicos / Secretario del juzgado: Realiza tareas administrativas para un gobierno municipal. Prepara las agendas o estatutos de los ayuntamientos o municipios. Registra las actas de las asambleas municipales. Responde la correspondencia, lleva los registros fiscales y prepara informes.

- Especialista en manejo de emergencias / Trabajador de socorro ante emergencias y desastres naturales / Trabajador de remoción de materiales peligrosos: Coordina las actividades socorro en casos de desastres naturales o manejo de crisis y brinda capacitación sobre cómo prepararse para un desastre natural. Desarrolla planes y procedimientos de emergencia para casos de desastres naturales, desastres tecnológicos, tiempos de guerra o tomas de rehén.

- Inspector de cumplimiento de normas ambientales/ Inspector, Evaluador y clasificador: Inspecciona e investiga las fuentes de contaminación para proteger al público y al medio ambiente y garantizar que se cumplan las normas y ordenanzas federales, estatales y locales.

- Investigador / Inspector de bienes del gobierno / Inspector de garantía de calidad: Investiga o inspecciona los bienes del gobierno para corroborar que se cumplan con los contratos y con las reglamentaciones gubernamentales. Prepara informes de investigaciones y recomienda un plan de acción.

- Inspector / Evaluador de emisión de licencias / Evaluador de solicitudes de pasaportes: Toma evaluaciones orales, escritas, prácticas de manejo o vuelo para el otorgamiento de licencias a los solicitantes. Expide licencias a quienes cumplen con las normas. Prepara informes y visita establecimientos para verificar que las licencias y permisos válidos estén exhibidos.

- Gerente de servicios comunitarios / sociales / Gerente de centro de rehabilitación / Administrador de bienestar social: Planifica, desarrolla y dirige los programas de servicios sociales destinados a ayudar a la gente con necesidades de atención médica, bienestar social o servicios comunitarios. Dirige al personal, planifica el presupuesto y a menudo dirige las actividades de recaudación de fondos.

- Ejecutivo de servicios gubernamentales / Administrador de programas de recursos humanos / Administrador de programa de recursos naturales: Se encarga de la dirección y gestión general de las actividades del gobierno federal, estatal y local. Dirige las actividades de los organismos gubernamentales con la ayuda de gerentes de niveles inferiores.

- Legislador / Político / Comisionado / Alcalde: Elabora, promulga y enmienda leyes. Estudia informes y escucha las opiniones de los ciudadanos o de los grupos de interés para decidir si promulgar un proyecto de ley.

- Planificador urbano y regional / Auxiliar de planificación urbana / Planificador de servicios de programa: Diseña planes que fomentan el aprovechamiento del terreno y de los recursos de una comunidad para su uso residencial, comercial y recreativo. Desarrolla planes a corto y largo plazo para el futuro crecimiento y desarrollo de la ciudad, de las áreas suburbanas y de las comunidades rurales.

8. CIENCIA DE LA SALUD

Dado el inmenso crecimiento de la población, este campo vislumbra una apertura de oportunidades laborales. Las oportunidades van desde trabajar con niños hasta trabajar con ancianos y todas las etapas intermedias.

- Auxiliar de enfermería / Auxiliar / Ayudante de tareas de limpieza: Trabaja bajo las órdenes del personal médico para atender a los pacientes en centros médicos.

- Auxiliar de odontología / Auxiliar de enfermería: Asiste a los odontólogos realizando tareas de apoyo en el tratamiento de pacientes durante los procedimientos odontológicos.

- Higienista dental / Técnico radiólogo / Auxiliar odontológico: Brinda servicios preventivos tales como limpieza y pulido dental, radiografías y servicios de apoyo para el odontólogo. Asesora a los pacientes sobre el cuidado de los dientes.

- Técnico médico de emergencia / Paramédico / Conductor de ambulancia: Conduce a la escena de la emergencia para dar los primeros auxilios a la persona enferma o lesionada. Transporta al enfermo al centro médico.

- Tecnólogo radiólogo / Ecografista / Técnico radiólogo: Toma radiografías (rayos X) de todas las partes del cuerpo humano para ayudar a diagnosticar enfermedades y patologías. Coloca al paciente en la posición correcta, ajusta el ángulo y la altura del equipo sobre el cuerpo del paciente. Toma la radiografía, retira la película y la revela.

- Enfermera matriculada / Enfermera anestesista / Enfermera con práctica médica: Atiene a los pacientes enfermos o lesionados y los ayuda a estar bien. Observa y registra los síntomas, las reacciones y el progreso de los pacientes.

- Técnico veterinario / Tecnólogo / Auxiliar de Veterinaria: Trabaja bajo la supervisión de un veterinario para examinar animales y darles medicamentos. Mide y registra la temperatura, el pulso y la respiración. Aplica, controla y cambia los apósitos. Realiza análisis de laboratorio de rutina. Prepara comida para los animales.

- Odontólogo: Examina los dientes y otras partes de la boca para diagnosticar enfermedades o trastornos. Examina radiografías, elimina caries, repara dientes rotos y rellena cavidades.

- Médico de familia / Médico general / Cardiólogo / Dermatólogo: Diagnostica enfermedades y prescribe y administra tratamientos a quienes sufren alguna enfermedad o lesión. Asesora a los pacientes sobre cómo prevenir enfermedades mediante ejercicios, dieta y atención médica preventiva.

- Farmacéutico / Director de servicios farmacéuticos: Prepara y despacha medicamentos de venta bajo receta, brinda asesoramiento sobre el uso y los efectos de las drogas y lleva registros de las recetas de los clientes.

- Fisioterapeuta / Asistente de fisioterapia / Auxiliar de fisioterapia: Mejora la movilidad, alivia los dolores y previene o limita las discapacidades físicas permanentes de los pacientes con lesiones o enfermedades. Brinda tratamientos que incluyen ejercicios para mejorar la fuerza y la resistencia.

- Logopeda / Foniatra: Examina y trata a pacientes con trastornos del habla, del lenguaje o de la voz, por ejemplo tartamudeo. Evalúa los resultados de pruebas para determinar el problema y recomendar el tratamiento adecuado.

- Veterinario: Examina, diagnostica y trata problemas médicos de animales. Puede trabajar con mascotas o ganado, y con animales de laboratorio utilizados para la investigación.

9. HOSTELERÍA Y TURISMO

- Es una industria muy grande con empleos en todas las ciudades y estados, entre ellos, servicios de comida, hoteles, atracciones y viajes. Muchos empleos ofrecen la posibilidad de trabajar media jornada y horarios flexibles.

- Director de crucero / Guía turístico: Organiza entretenimientos y actividades recreativas para los pasajeros de cruceros. Brinda información a los pasajeros sobre turismo portuario y temas de seguridad, y trabaja para garantizar que los pasajeros estén contentos y tengan todo lo que necesitan.

- Anfitrión / Maître d' / Asistente de restaurante: Recibe a los clientes de un establecimiento, los acompaña hasta la mesa y les entrega el menú. Controla que los módulos de servicio del comedor y las mesas estén ordenadas y limpias. Se asegura de que los comensales reciban una atención rápida y cordial.

- Recepcionista de Hotel / Recepcionista de Motel / Encargado de información al cliente: Registra a los huéspedes que llegan, les asigna habitaciones y despide a los huéspedes al final de la estadía.

- Asistente de recreación y diversión / Asistente de juegos / Caddie: Vende entradas y vende o alquila equipos, por ejemplo, zapatos de bolos o pelotas de golf.

- Chef / Cocinero de comidas simples / Cocinero de comidas rápidas: Prepara, condimenta y cocina sopas, carnes, verduras, postres y otros alimentos en restaurantes. Puede estar a cargo de la supervisión de los asistentes de cocina, de llevar registros y de los precios que aparecen en el menú.

- Guía de turismo / Guía de tours para visitas / Acompañantes: Acompaña a personas o a grupos en tours de visitas o a visitar lugares de interés, como por ejemplo, parques, edificios públicos y galerías de arte. Asume responsabilidad por la seguridad de los turistas.

- Juez deportivo / Referí / Entrenador / Terapeuta recreativo: Garantiza el cumplimiento de las reglas del juego en competencias atléticas o eventos deportivos. Decide las sanciones ante el incumplimiento de las reglas.

- Entrenador / Cazatalentos de deportistas profesionales / Entrenador de fútbol / Entrenador de fútbol americano: Les enseña a los deportistas las estrategias y las técnicas del juego. Prepara a los deportistas para la competencia. Supervisa la práctica diaria de los jugadores. Determina la estrategia a seguir durante los juegos e indica las jugadas que deben realizarse.

- Chef / Chef de crucero / Pastelero: Planea las comidas, prepara los menúes y prepara y cocina alimentos para los restaurantes.

- Gerente de servicios gastronómicos / Gerente de cafetería / Director de servicios gastronómicos: Coordina restaurantes y cafeterías. Calcula el consumo de alimentos, realiza los pedidos y programa las entregas de alimentos frescos y bebidas.

- Gerente de hotel / Gerente de motel / Gerente de admisión / Gerente de recepción: Coordina las actividades de recepción en un hotel o motel. Define los niveles de servicio para los huéspedes, la decoración, el mantenimiento, la calidad de los alimentos y las operaciones de eventos y banquetes.

- Deportista profesional: Participa de eventos de competencias deportivas profesionales para entretener a aficionados al deporte.

- Organizador de reuniones y convenciones / Gerente de hotel / Gerente de motel: Coordina las actividades del personal general y del personal de la convención para hacer los arreglos necesarios para reuniones grupales, conferencias y convenciones.

10. SERVICIOS SOCIALES

En esta área, se puede trabajar en oficinas, hospitales, clínicas y organizaciones religiosas. También es posible trabajar para agencias privadas o para el gobierno del estado o el gobierno local. El horario de trabajo puede ser irregular, pero realmente vale la pena cuando uno tiene la recompensa de poder ayudar a los demás.

- Niñera: Cuida niños en casas particulares y brinda apoyo y conocimiento a los padres para la satisfacción de las necesidades físicas, emocionales, intelectuales y sociales del niño. Sus funciones pueden incluir la planificación y la preparación de las comidas, lavar la ropa, actividades de juego y salidas, disciplina, estimulación intelectual, actividades de lenguaje y transporte.

- Auxiliar personal y de atención domiciliaria / Asistente personal / Asistente para no videntes: Ayuda a personas de la tercera edad, a discapacitados y a enfermos a vivir en su propia casa como alternativa a la internación. Los ayuda a salir de la cama, a bañarse, a vestirse y a arreglarse.

- Asistente / Trabajador para cuidado de niños / Asistente de guardería / Asistente de patio de juegos: Cuida a los niños en internados, en guarderías, hospitales y salas de juego. Planifica las actividades educativas y recreativas.

- Técnico de servicios sociales (Trabajador de servicios sociales) / Asistente de servicios sociales/ Asistente de organización de comidas: Hace los arreglos de transporte y otras actividades para los clientes. Acompaña a los clientes a comedores grupales, a programas de asistencia diurna para adultos, a programas recreativos o consultorios médicos.

- Clero / Ministro / Sacerdote / Ulema / Rabino: Atiende las necesidades espirituales de la gente. Oficia ceremonias religiosas.

Celebra matrimonios y funerales. Administra los sacramentos, da sermones y lee los textos sagrados.

- Psicólogo clínico / Psicólogo consejero / Terapeuta: Estudia el comportamiento humano y los procesos mentales. Brinda servicios de salud mental en ámbitos privados, hospitales, clínicas y escuelas.

- Trabajador social de salud pública y médica / Consejero de consumo de sustancias: Brinda servicios a gente con problemas mentales o emocionales. Brinda servicios tales como terapia, programas de integración e intervención ante crisis.

- Consejero de salud mental / Consejero matrimonial y familiar / Psicólogo: Trabaja con individuos y grupos para lograr una salud mental óptima. Puede ayudar a las personas a resolver problemas de adicciones y consumo de sustancias, en relaciones entre padres e hijos y problemas matrimoniales; suicidio; manejo de estrés; problemas de autoestima y cuestiones relacionadas con la edad y la salud mental y emocional.

- Oficial de libertad condicional y de libertad bajo palabra / Consejero de preparación para la libertad bajo palabra / Especialista de tratamiento correccional: Participa en los programas de liberación de presos y los ayuda después de salir en libertad. Realiza investigaciones de responsables de delitos leves, menores y adultos. Diseña programas de rehabilitación.

- Trabajador social / Supervisor de casos / Trabajador social para grupos: Ayuda a individuos y a familias a lidiar con problemas tales como viviendas inadecuadas, desempleo o discapacidad. Analiza las condiciones para acceder a programas de asistencia, completa solicitudes y visita a las personas regularmente.

- Sociólogo / Criminólogo / Economista / Investigador de encuestas y de mercado: Realiza investigaciones acerca del desarrollo, la estructura y el comportamiento de grupos de seres humanos. Estudia patrones culturales y cuestiones tales como delitos, relaciones grupales, pobreza y edad.

- Consejero de rehabilitación vocacional / Ortesista y protesista: Ayuda a la gente a superar las discapacidades originadas por defectos congénitos, enfermedades, lesiones o estrés. Colabora en los procesos de educación, formación y proporciona los equipos necesarios para el empleo.

11. SISTEMAS DE INFORMACIÓN

Si eres una de esas personas que siempre quiere el último dispositivo de computación o quiere saber exactamente cómo piensan y funcionan las computadoras, deberías pensar en una carrera profesional en sistemas. Con los constantes adelantos de la tecnología, es imposible aburrirse. Desde el desarrollo de software y videojuegos a la reparación de computadoras, este campo está en constante expansión.

- Mecánico de reparación de máquinas expendedoras y a monedas: Instala y se encarga del mantenimiento, ajuste y reparación de máquinas expendedoras y a monedas, utilizando herramientas manuales y eléctricas. También está a cargo de limpiar y aceitar las máquinas, y de reabastecerlas con productos, dinero y otros insumos.

- Animación de video / Animación de computación / Desarrollador de juegos de computación: Dibuja a mano y utiliza computadoras para crear una serie de dibujos que, al transferirse a cintas o película, forman los dibujos animados que vemos en el cine o en televisión.

- Gerente de computación y sistemas de información / Gerente de procesamiento de datos / Gerente de operaciones de computación: Ayuda a las empresas a planificar la mejor forma de utilizar la última tecnología. Dirige la investigación y el desarrollo de actividades relacionadas con la computación. Maneja ingenieros, técnicos y especialistas en soporte de computación.

- Técnico de reparación de equipos de computación / Técnico de reparación de máquinas de oficina / Mecánico electrónico: Se encarga de la reparación, el mantenimiento y la instalación de marcos, minicomputadoras o computadoras personales. Discute los problemas de los equipos con clientes. Ejecuta programas de diagnósticos para identificar problemas.

- Programador / Webmaster / Programador en jefe: Desarrolla y crea programas de computación para almacenar, buscar y tomar información convirtiendo datos no procesados en lenguaje de computación codificado.

- Especialista en soporte de computación / Especialista en soporte técnico / Supervisor de control de red: Investiga y resuelve problemas de los usuarios con sus computadoras. Interpreta los problemas y brinda asesoramiento técnico. Habla con sus colegas para resolver problemas.

- Analista de sistemas de computación / Analista de control de calidad / Analista - Programador de computación: Analiza problemas comerciales, científicos o técnicos y coordina la instalación de los programas de computación y sistemas operativos.

- Administrador de base de datos / Analista de diseño de base de datos / Experto en ciencias de la información: Planea y dirige la administración de bases de datos de computación. Implementa medidas de seguridad para proteger la información de la base de datos.

- Ingeniero de hardware de computación: Investiga, diseña, desarrolla y prueba computadoras o equipos de computación para uso comercial, industrial, militar o científico. Puede supervisar la fabricación e instalación de computadoras o equipos y componentes de computación.

12. DERECHO, SEGURIDAD PÚBLICA, CORRECCIONES Y SEGURIDAD

Este campo ofrece distintas oportunidades con trabajos muy atractivos. Puedes trabajar en el exterior, apagando incendios, o en un tribunal.

- Trabajador de control animal / Buscador de perros / Investigador de trato a los animales: Maneja animales con el fin de controlar la cantidad de animales abandonados o extraviados e investiga casos de maltrato.

- Secretario de tribunal / Secretario de sala / Secretario de expedientes: Realiza tareas administrativas en un tribunal. Prepara expedientes y calendarios de casos para los jueces. Contacta a los testigos, a los abogados y a las partes en litigio para obtener información para el tribunal. Lleva registros de todas las resoluciones adoptadas en los casos.

- Guarda de tránsito: Dirige o controla el tráfico vehicular y peatonal en las esquinas urbanas, cruces escolares y sitios en construcción.

- Oficial correccional / Carcelero / Guarda de inmigración: Mantiene el orden dentro de los institutos correccionales, vigila a los internos y hace cumplir las normas. Realiza registros personales de los internos y de las celdas en busca de armas, drogas o riesgos de incendio.

- Relator del tribunal / Relator taquígrafo / Estenógrafo, Subtitulador: Utiliza una máquina de estenografía para tomar nota de cartas, informes o declaraciones realizadas en el marco de procesos oficiales. Transcribe informes literales en un procesador de texto.

- Encargado de despacho de vehículos de emergencia: Oficial de señales de protección / Telecomunicaciones: Recibe llamadas del público solicitando ayuda ante una emergencia. Les pregunta a los llamantes acerca del tipo de emergencia y el lugar de la emergencia. Envía vehículos policiales, de bomberos o ambulancias al lugar donde se produjo la emergencia.

- Bombero / Bombero forestal / Auxiliar del jefe de bomberos: Trabaja como miembro de un equipo controlando y apagando incendios y protegiendo la vida humana y los bienes materiales de los riesgos de incendios. Conecta mangueras a tomas hidrantes, opera las bombas y ubica escaleras en los lugares necesarios para rescatar a las víctimas.

- Investigador de incendios / Inspector de incendios / Investigador de incendios intencionales: Analiza las pruebas y demás información para determinar las causas de incendios o explosiones. Puede atestiguar en procesos judiciales y obtener órdenes de arresto contra sospechosos de piromanía.

- Técnico jurídico (Asistente legal) / Investigador jurídico / Agente de patentes: Colabora con abogados en la investigación de jurisprudencia, investigaciones de hechos o la redacción de documentos jurídicos. Realiza investigaciones para colaborar con un proceso legal, para preparar una defensa o para iniciar acciones legales.

- Agente de patrulla de policía / Guardia fronterizo / Agente de patrulla de carreteras estatales: Hace cumplir la ley y las normas diseñadas para proteger la vida humana y los bienes. Mantiene el orden en un distrito asignado. Detiene a delincuentes, reúne pruebas y atestigua ante el tribunal. Dirige el tráfico, impone multas de tránsito y realiza arrestos.

- Investigador privado / Guardia de seguridad / Guarda de vida silvestre / Alguacil: Reúne pruebas para casos de divorcios, patria potestad y personas desaparecidas. Analiza la escena del crimen en busca de pruebas e identifica y detiene a sospechosos de robo y los entrega a las autoridades.

- Agente de la Oficina Federal de Investigaciones (FBI, por su sigla en inglés) / Detective cibernético / Técnico de escena del crimen: Investiga delitos de cuello blanco, crimen organizado y delitos violentos. Reúne datos de contrainteligencia extranjera e investiga actividades terroristas que pudieran afectar la seguridad de los Estados Unidos.

- Abogado / Fiscal, Defensor Público: Asesora a personas y a empresas acerca de cuestiones jurídicas. Se reúne con sus clientas para determinar los detalles de sus problemas, les brinda asesoramiento legal y sugiere los pasos a seguir.

13. FABRICACIÓN

Se trata del ensamblaje de productos y máquinas. Puedes trabajar en una fábrica grande operando una máquina textil u ocuparte de instalar el sistema electrónico en una aeronave. En algunos trabajos es posible entrenarse a medida que se trabaja, en tanto que para otros se necesitan trabajadores con conocimientos y aptitudes especiales.

- Técnico de reparación / instalación de medidores eléctricos / Dispositivo interno de prueba de medidores: Instala medidores eléctricos en las instalaciones o en los postes del usuario. Realiza pruebas en los medidores y realiza las reparaciones necesarias. Activa y desactiva la corriente conectando o desconectando el servicio.

- Trabajador de mantenimiento de maquinaria / Encargado de limpieza y prueba de los equipos / Encargado de mantenimiento y puesta a punto: Se encarga de las tareas de rutina de mantenimiento, limpieza y puesta a punto de las maquinarias de producción. Cambia partes tales como aspas, rodillos y cojinetes.

- Técnico de ingeniería civil / Planificador de instalaciones / Analista de estacionamiento: Ayuda a los ingenieros civiles a planificar y construir autopistas, puentes, edificios y otras estructuras. Prepara los planos y realiza tareas de agrimensura en las obras.

- Técnico en ingeniería electrónica / Técnico en ensamblaje electrónico / Técnico en microelectrónica: Trabaja con ingenieros electrónicos y colabora en el diseño, desarrollo, construcción y prueba de equipos eléctricos y electrónicos tales como radios, radares, sonares, equipos de navegación y computadoras. Utiliza dispositivos diagnósticos para probar y reparar los equipos.

- Técnico de reparaciones eléctricas / electrónicas / Ingeniero de servicios de campo / Técnico de aviónica: Se encarga de la instalación, prueba, reparación y mantenimiento de equipos electrónicos utilizados en empresas, industrias y hogares. Utiliza dispositivos de prueba para buscar problemas. Interpreta diagramas de cables para determinar la ubicación de los cables y conectarlos.

- Mecánico de maquinaria industrial / Encargado de equipos de mantenimiento de automóviles / Técnico de reparación hidráulica: Se encarga del mantenimiento y reparación de maquinaria tales como motores, herramientas neumáticas, sistemas de cintas transportadoras y equipos de producción.

- Maquinista / Maquinista automotor / Mecánico de motores de autopropulsión: Arma y opera herramientas computarizadas y utiliza diagramas para fabricar o reparar repuestos metálicos para autos, máquinas y otros equipos. Controla trabajas con herramientas de medición de precisión, tales como micromedidores y calibradores.

- Técnico en ingeniería mecánica / Técnico en ingeniería aeroespacial / Técnico en transferencia de calor: Colabora en la ingeniería mecánica con el diseño, desarrollo, prueba y construcción de maquinarias industriales o partes mecánicas. Realiza bosquejos del proceso de ensamblaje y de las partes que deben fabricarse.

- Agente de compras / Gerente de contrataciones / Representante externo: Dirige y maneja las actividades relativas a la adquisición de bienes y servicios para una organización.

- Soldador / Cortador / Cortador con arco / Soldador combinado: Utiliza equipos manuales de soldado y sopletes para soldar o reparar partes metálicas utilizadas en edificios, puentes y otras estructuras o para unir caños en cañerías, plantas generadoras y refinerías.

14. MERCADOTECNIA, VENTAS Y SERVICIOS

¿Qué tal son tus habilidades para comunicarte? ¿Eres bueno para promocionar productos y servicios? Hay una amplia gama de posibilidades de trabajo en este sector. Se pueden hacer muchas cosas, desde diseños florales hasta vender inmuebles.

- Diseñador de arreglos florales / Florista / Diseñador de modas / Escaparatista: Corta flores frescas, secas o artificiales y las utiliza para arreglos florales. Trabaja sobre la base de un pedido de un cliente en el que se indica el tipo de arreglo, los colores, el precio y la fecha y lugar de entrega del arreglo floral.

- Vendedor minorista / Empleados de reservas / Vendedor de libros: Vende una serie de productos a clientes en tiendas, realiza cambios y guarda la compra en bolsas.

- Agente de ventas de espacios publicitarios / Vendedor de tiempo en radio y televisión / Vendedor de diseño gráfico: Vende o solicita publicidad tales como diseño gráfico para publicidad gráfica, tiempo en radio y televisión o espacios en diarios, revistas o vía pública.

- Diseñador de modas / Diseñador de indumentaria, Escaparatista: Diseña prendas de vestir y accesorios para fabricantes y para la venta directa al público. Puede crear diseños novedosos o seguir las tendencias imperantes de la moda.

- Peluquero / Cosmetólogo / Manicura/ Barbero: Lava, corta y peina el cabello, pelucas o peluquines, y asesora respecto del cuidado del cabello. Asesora respecto del uso de maquillaje. Lleva un registro de los productos utilizados por los clientes habituales.

- Diseñador de interiores / Diseñador gráfico / Diseñador de sets y escaparates: Planifica el uso del espacio y los muebles para el interior de casas, oficinas comerciales, restaurantes, hoteles y teatros. Desarrolla el diseño y prepara planos de disposición de muebles e iluminación.

- Gerente de mercadotecnia / Director de mercadotecnia de medios / Coordinador de modas: Analiza la demanda y la venta de productos y servicios e identifica a los potenciales clientes. Define las necesidades de publicidad y hace el seguimiento de las cuentas de clientes. Supervisa los servicios creativos y promocionales.

- Corredor de bienes raíces / Consultor en construcción / Agente de bienes raíces: Ayuda a la gente a vender, comprar o alquilar una casa, una oficina comercial y otros tipos de propiedades. Entrevista a los posibles clientes, muestra las propiedades y prepara los contratos relativos a los bienes raíces.

- Comprador mayorista y minorista / Comprador en tienda de departamentos / Comprador de colecciones: Compra mercaderías para reventa en tiendas mayoristas o minoristas. Visita salas de exposición para seleccionar las mercaderías. Utiliza computadoras para obtener listados actualizados, hacer el seguimiento del inventario y procesar pedidos.

- Gerente de publicidad / Ejecutivo de cuentas / Gerente de promociones: Planea y dirige las políticas y los programas de publicidad para generar o promover el interés en un determinado producto o servicio.

15. CIENCIA, TECNOLOGÍA, INGENIERÍA Y MATEMÁTICA

- ¿Te gustaría trabajar en un laboratorio rodeado de frascos burbujeantes y tubos de ensayo? Si disfrutas de tu proyecto anual para la feria de ciencias, quizá ése sea el camino a seguir para ti. El trabajo se trata de teorías, hipótesis y habilidades matemáticas.

- Técnico químico / Técnico de laboratorio / Encargado de pruebas de laboratorio: Ayuda a los químicos a desarrollar y a utilizar los productos químicos y el equipo. Hace pruebas de resistencia o de calidad en productos tales como alimentos, fertilizantes, detergentes o papel.

- Técnico en ciencias forenses / Experto en balística forense: Reúne, identifica, clasifica y analiza pruebas materiales en relación con la investigación de delitos.

- Técnico de agrimensura / Asistente de instrumental para agrimensura - Ayuda a los agrimensores a obtener datos de agrimensura tales como ángulos, puntos de elevación y contornos mediante el uso de equipos de medición electrónica a distancia. Realiza bocetos con los datos obtenidos, organiza sus notas y registra los datos.

- Ingeniero aeroespacial / Aerodinamicista / Ingeniero en diseño aeronáutico: Diseña, desarrolla, prueba y colabora en la fabricación de aeronaves, misiles y naves espaciales. Desarrolla nuevas tecnologías para uso en aviación comercial, sistemas de defensa y exploración espacial.

- Químico / Químico en alimentos / Supervisor de laboratorio: Investiga la composición química y las reacciones químicas para crear productos nuevos y mejorados tales como pintura, caucho, plástico, adhesivos, cosméticos y alimentos. Puede investigar procesos para el ahorro de energía o la reducción de la contaminación.

- Ingeniero civil / Ingeniero aeroportuario / Ingeniero de transporte: Planea y diseña carreteras, aeropuertos, túneles, puentes, redes de agua y cloacas y edificios. Se puede especializar en recursos hídricos, ambientales, construcción, transporte o ingeniería estructural.

- Geólogo / Hidrólogo: Estudia los aspectos físicos de la Tierra, incluida la atmósfera.

- Ingeniero industrial / Ingeniero en prevención y protección de incendios / Ingeniero en seguridad de productos: Determina las formas más efectivas del uso de los factores básicos de producción: gente, maquinaria, materiales, información y energía, por parte de la organización en la fabricación o procesamiento de un producto. Diseña sistemas de fabricación.

- Ingeniero mecánico / Diseñador de sistemas de energía solar / Ingeniero automotor: Planifica y diseña máquinas de generación de energía tales como motores, y máquinas que consumen energía, como por ejemplo, equipos de aire acondicionado. Supervisa la fabricación y prueba de generadores eléctricos, motores de combustión y turbinas a gas y a vapor.

- Meteorólogo / Observador de clima / Técnico en ciencias ambientales: Estudia la atmósfera para preparar informes y pronósticos de clima. Utiliza la información obtenida a través de estaciones meteorológicas, globos meteorológicos, satélites, radares, radares Doppler y otros observadores en distintos lugares del mundo.

- Microbiólogo / Biólogo: Investiga y estudia el crecimiento, la estructura, el desarrollo y las características generales de bacterias y otros microorganismos. Utiliza computadoras para registrar y analizar los datos.

16. TRANSPORTE, DISTRIBUCIÓN Y LOGÍSTICA

¿Te gustaría llevar gente o productos de un lugar a otro, por tierra, por aire o por mar? Evalúa estas ocupaciones.

- Auxiliar de vuelo / Auxiliar de transporte / Auxiliar en tierra: Se ocupa de la comodidad y seguridad de los pasajeros en las aeronaves. Controla los suministros y los equipos, y explica los procedimientos de seguridad a los pasajeros.

- Empleado de correo postal/ Correo rural / Empleado de servicio postal: Clasifica la correspondencia para la entrega, y entrega la correspondencia en rutas predeterminadas, en vehículos o a pie.

- Controlador de tráfico aéreo / Operador de transporte aéreo / Controlador en jefe: Monitorea los aviones que vuelan en un área determinada a fin de garantizar que guarden una distancia prudente entre ellos. Da instrucciones a los pilotos durante operaciones de despegue y aterrizaje.

- Mecánico de aeronaves / Mecánico de chapa y pintura para aeronaves / Mecánico de fuselaje y planta generadora: Se encarga de la inspección, el mantenimiento y la reparación de aeronaves según los lineamientos establecidos por la Agencia Federal de Aviación (FAA, por su sigla en inglés).

- Piloto de aeronaves / Ingeniero de vuelo: Pilotea aeronaves y helicópteros en vuelos de carga y de pasajeros. Antes del despegue, habla con los operadores de vuelo y con los pronosticadores de clima de aviación para averiguar las condiciones climáticas en la ruta y en destino.

- Mecánico automotor / Mecánico de transmisión / Mecánico de reparación de frenos: Se encarga del mantenimiento y la reparación de vehículos tales como automóviles y camionetas. Define el problema, diagnostica su origen y realiza los ajustes o las reparaciones necesarias.

- Mecánico de chapa y pintura automotriz / Mecánico de adaptación de chasis automotriz, Encargado de instalación / reparación de vidrios en automotores: Se encarga de la reparación y detalles de terminación en chasis. Refuerza la carrocería, lima abolladuras y rayones, y reemplaza las partes que no se pueden reparar. Instala equipamiento a pedido.

- Mecánico de motores diesel / Mecánico de mantenimiento, Mecánico industrial de camiones: Se encarga del mantenimiento y la reparación de motores de vehículos y maquinaria industrial, como por ejemplo, motores de autobuses, camiones, tractores, trenes y embarcaciones. Lee órdenes de trabajo y manuales.

- Chofer de camión / Chofer de camión con acoplado -Tractor- / Operador de grúa: Conduce camiones de 3 toneladas o más, para llevar carga de un lado al otro. Controla el combustible, el aceite, los frenos, las luces y el equipamiento de seguridad.

- Mecánico de motocicletas / Mecánico de lanchas a motor / Mecánico de pequeños motores: Se encarga de la reparación y puesta a punto de motocicletas, scooters, ciclomotores y vehículos motorizados similares, de reemplazar los repuestos defectuosos, de arreglar abolladuras, y de soldar rayones y roturas.

- Capitán de buque / Capitán de buque pesquero / Capitán de yate: Pilotea embarcaciones entre un puerto y el otro, a través de ríos, lagos y océanos. Supervisa a la tripulación. Define el rumbo y la velocidad, maniobra la embarcación para evitar peligros y determina la posición del buque utilizando dispositivos y cartas de navegación.

Te damos otros datos para que tengas en cuenta. A continuación incluimos una lista de las 25 profesiones de mayor crecimiento, según el Departamento de Educación de Estados Unidos.

1. Ingenieros en informática, aplicaciones

2. Especialistas de soporte informático

3. Ingenieros en informática, software de sistemas

4. Analista de sistemas de redes y comunicaciones de datos

5. Editor de escritorio

6. Administradores de base de datos

7. Auxiliares personales y de atención domiciliaria

8. Analista de sistemas informáticos

9. Practicante médico

10. Ayudante de servicios sociales y humanos

11. Auxiliar médico

12. Técnicos de historial médico e información médica

13. Gerentes de sistemas informáticos y computación

14. Auxiliares de atención médica domiciliaria

15. Auxiliares de salud ocupacional

16. Auxiliares de fisioterapia

17. Especialista de oídos

18. Entrenadores físicos e instructores de aeróbica

19. Científicos de informática y computación, investigación

20. Auxiliar de veterinaria y cuidadores de animales de laboratorio

21. Auxiliares de terapia ocupacional

22. Tecnólogo y técnico veterinario

23. Logopeda (terapeuta del habla)

24. Trabajadores sociales de salud mental y consumo de sustancias

25. Auxiliar de odontología

Ahora que has tenido tiempo de pensar en tus intereses y las distintas carreras profesionales que existen, indica las profesiones en las que te imaginas trabajando ahora y en el futuro.

_____

_____

_____

_____

_____

El tener una meta específica e identificar el campo o tipo de empresa en la cual deseas trabajar simplifica la tarea de buscar ese empleo. Aún te queda enviar los currículos. Te queda ir a las entrevistas. Y, es posible que debas soportar muchos "no", pero por lo menos estarás más motivado, y recuerda que en cada entrevista se aprende algo nuevo.

Te damos un consejo muy importante.

Dado que es posible que no consigas el empleo que deseas de inmediato, deberías iniciar un camino profesional que te permita adquirir experiencia para el empleo que deseas. Por ejemplo, supongamos que quieres ser "comprador" en una tienda departamental. Es una excelente carrera profesional y un puesto que mucha gente anhela, por lo tanto, es muy probable que te rechacen si no tienes experiencia. Esto no significa que debes rendirte. Todo lo contrario, significa que debes aceptar un empleo como vendedor en una tienda departamental que venda el tipo de productos que comprarías en el puesto de comprador que deseas e interiorízate con ese campo. Impresiona a los demás con tu aplicación y creatividad, y recuerda estar atento a las oportunidades para convertirte en asistente de compras o algo similar. En esta instancia de tu carrera profesional, debes meterte en el campo que te interesa y perseverar hasta alcanzar tu meta.

Mucha gente comete el error de decir: "Quiero ser comprador, pero como no hay puestos disponibles en este momento, voy a trabajar en un restaurante hasta que se abra algún puesto de comprador". Si no cuentas con algo de experiencia en el campo, jamás tendrás acceso al puesto de comprador.

Piensa a largo plazo. Métete en el campo que te interesa. Trabaja bien para que los demás reconozcan tus habilidades. Aprovecha las oportunidades de acercarte al puesto que realmente te interesa.

3.

NO SE TRATA DE TI

Probablemente la lección más importante que puede enseñarte este libro es que el proceso de contratación no se trata de ti, sino de la empresa.

La empresa tiene una necesidad, hay algo en la empresa que no se está haciendo como se debería, y por ello, están buscando a la persona que mejor puede ayudarles a cubrir esta necesidad. Quizá necesiten a alguien que venda sus productos, y sin esa persona, tienen estantes llenos de mercadería y están perdiendo dinero. Quizá la empresa necesite a alguien que además de entregar los pedidos rápidamente preste atención a los detalles, por ejemplo, a los niveles de inventario, para que nunca deba interrumpirse el trabajo debido a falta de materiales. Quizá necesiten a alguien para entregar los productos que el cliente ya pagó, y sin esa persona, los clientes podrían comprar en otro lugar.

No importa cuál sea la necesidad, lo importante es recordar que ellos tienen la necesidad y que ellos desean encontrar al candidato ideal para realizar la tarea, para poder seguir con su actividad comercial sin interrupciones.

Esto significa que cuando te presentes al posible empleador, primero por medio del currículo, y luego personalmente en la entrevista, debes presentarte no sólo como alguien que puede cubrir las necesidades de la empresa, sino también como el mejor de todos los candidatos para cubrir ese puesto.

¿Cómo se logra esto?

En primer lugar, debes armar un currículo ganador, y luego, debes impresionarlos en la entrevista.

Fácil, ¿verdad?

Bueno, en realidad no, pero si sigues las instrucciones de este libro, estarás mejor preparado que la mayoría de los que aspiran al mismo puesto y tendrás más probabilidad de conseguirlo.

Antes de entrar en los detalles de cómo armar un currículo y cómo prepararte para la entrevista, hablemos del proceso de búsqueda de empleo, en general.

Es muy competitivo.

Los empleadores que necesitan contratar personal leen docenas, o incluso cientos, de currículos para cada uno de los puestos que deben cubrir. Como el tiempo no alcanza para leer cada uno de ellos en detalle, los empleadores generalmente le dedican 15 ó 20 segundos de atención a cada currículo nuevo antes de colocarlo en la pila de "sí" o "no" o "quizá". Si el empleador recibió 50 currículos, buscará cualquier motivo para descartar un currículo y reducir la pila de "sí" a diez o doce currículos buenos, y luego analizar los que quedaron en profundidad.

Desde el momento en que envías el currículo, todo lo que hagas dará un indicio sobre ti, y los empleadores estudian estas señales para entender cómo se reflejarán en tu desempeño laboral. Si prestas atención a los detalles en tu currículo y durante la entrevista, seguramente también lo harás en el trabajo. Si te presentas con profesionalismo en el currículo y en la entrevista, seguramente tendrás un trato profesional con los clientes de la empresa.

Todos los empleadores creen firmemente que el modo en que un postulante se maneja durante el proceso de contratación será el modo en que se manejará si obtiene el empleo.

- Los currículos descuidados se descartan automáticamente. ("Los currículos descuidados indican hábitos de trabajo desordenados".)

- Los currículos con correcciones a mano se descartan. ("Si no puede tomarse el tiempo para volver a imprimir un currículo nuevo, no le pondrá dedicación al trabajo".)

- Los currículos con una lista interminable de empleadores se descartan. ("Salta de un empleo a otro. Seguramente tampoco permanecerá mucho tiempo con nosotros".)

- Los currículos que no se adaptan al empleo se descartan. ("Esta persona no cuenta con la experiencia que solicitamos en el aviso clasificado".)

- Los currículos que son muy extensos se descartan. ("Si no puede describirse en forma concisa, no podrá explicar nuestros productos".)

- Los currículos que son muy cortos se descartan. ("¿Eso es todo?")

- Y, los currículos que son difíciles de leer, confusos, con muchas palabras, errores gramaticales, errores de ortografía, sin actualizar, con espacios injustificados, etc. se descartan.

Lo mismo ocurre en las entrevistas.

- Los candidatos que llegan tarde a la entrevista se descartan. ("Probablemente también llegue tarde todos los días a trabajar".)

- Los candidatos que no están vestidos correctamente para una entrevista se descartan. ("No tiene la presencia adecuada para representar a nuestra empresa".)

- Los correos electrónicos y las cartas de presentación muy informales pueden hacer que te descarten. ("¿Quién se cree que soy, la novia?")

Hasta que llegues a la instancia del proceso de contratación en la cual ya te conocen y saben de lo que eres capaz, eres simplemente un pedazo de papel; y mientras sigas siendo un desconocido, al empleador le da lo mismo contratarte a ti o a otro. Esto significa que tú tienes la responsabilidad de presentarte lo mejor posible para ser uno de los candidatos que analizarán en mayor profundidad.

Piensa en el proceso de contratación como una pila de fichas de póquer. Si haces algo bien, recibes una ficha; si cometes un error, pierdes una ficha. El candidato con más fichas, obtiene el puesto. Un buen currículo te hace acreedor a una ficha; los errores de ortografía en el currículo te hacen perder una. Llegas tarde a la entrevista, pierdes una ficha; llegas unos minutos antes y ganas una.

Finalmente, es importante tener en cuenta que hay muchos factores que pesan a la hora de decidir a quién contratar, y por muy aplicado que seas, jamás los conocerás todos. Esto significa que no importa lo bien que escribas el currículo y lo bien que te expreses en la entrevista, de todos modos puedes recibir un "No". Es difícil, pero lo importante es que no te descarten al principio, para tener la oportunidad de presentarte lo mejor posible.

Sigue así, y tarde o temprano aparecerá el empleo correcto para ti.

4.

EL CURRÍCULO

Llegó el momento de conseguir un empleo.

¿Qué es lo primero que hay que hacer?

En la escuela, te dijeron que debías tener un currículo armado, entonces, escribes una lista de todos los empleos que tuviste y sacas cien copias en una casa de fotocopias.

Luego, para contarle al mundo que estás disponible, envías algunos currículos a empresas donde te gustaría trabajar y comienzas a responder los avisos clasificados de empleos. Los cien currículos se van muy rápido y no hay novedades. "Es la época del año", te dices. Luego, murmurando, te dices: "No saben lo que se pierden por no contratarme".

Después de enviar cientos de currículos, ya no sabes a quién más contactar y nadie quiere entrevistarte.

¿Qué ocurrió?

Tenías razón cuando murmuraste: "No saben lo que se pierden por no contratarme". No lo saben porque nunca se lo dijiste. Les enviaste un currículo que no dice lo buen empleado que puedes ser para la empresa. Si tu currículo es uno típico, lo único que les contaste es dónde trabajaste y a qué establecimientos educativos concurriste. Eso no tiene nada de interesante.

Hiciste lo que hace la mayoría cuando redacta un currículo. Y obtuviste la misma respuesta.

Los dos errores más comunes que se cometen al preparar un currículo son:

1. Crear un único currículo y utilizarlo para todos los empleos; y

2. Pensar que los currículos son minibiografías de nuestras vidas.

Con respecto al primer punto, cada industria, cada empresa y cada empleo tienen necesidades distintas, y cuando uno se postula para ocupar un puesto en una empresa debe moldear el currículo para ajustarse a los requisitos particulares de ese puesto. Recuerda que conseguir un empleo no se trata de ti; se trata de la empresa y de lo que necesitan. Tu currículo debe mencionar todo lo que hayas hecho anteriormente que demuestre que puedes ocupar el puesto para el cual te postulas. Si la empresa busca a alguien que pueda asumir responsabilidad, el currículo debe demostrarles que puedes asumir responsabilidad. Si la empresa busca a alguien que pueda vender sus productos, el currículo debe demostrarles que eres capaz de vender. Si la empresa busca a alguien que pueda supervisar al personal, el currículo debe demostrarles que tienes capacidad de mando.

Adaptar el currículo a las necesidades de la empresa te impone la responsabilidad de realizar una investigación de la industria y de la empresa antes de enviarles el currículo. Lleva tiempo y esfuerzo, pero si realmente deseas obtener un buen empleo, debes hacerlo. Como dice Nike: Just Do It [Simplemente hazlo].

En la era de los procesadores de texto y las impresoras láser, es fácil personalizar el currículo para que se adapte a una industria en particular, y mejor aún, a una empresa y a un puesto en particular. Si no tienes computadora e impresora en tu casa, siempre puedes utilizar las que están en las escuelas o en las bibliotecas, generalmente sin cargo, y en las casas de fotocopias a un costo muy bajo.

El hecho de adaptar el currículo a un empleo en particular no sólo te diferencia del resto, sino que también demuestra que tienes interés, y no hay empleador en el mundo que no quiera tener en su empresa a alguien a quien le interese trabajar bien.

Con respecto al segundo error, debes pensar en tu currículo como un folleto publicitario sobre ti, y no una minibiografía de tu experiencia de vida. No es el lugar indicado para escribir absolutamente todo lo que te ha ocurrido en la vida. Es el lugar para demostrar que eres el mejor candidato para el puesto.

Los currículos tienen un único objetivo: conseguirte una entrevista. Para decirlo sin rodeos, el currículo debe resultarle lo suficientemente interesante al empleador como para que quiera conocerte personalmente.

Y, resultarás mucho más interesante si sienten que eres la solución a sus problemas.

Si fueras una tienda minorista, ¿no preferirías entrevistar a alguien que ha tenido mucha experiencia con trato con clientes en escuelas y en otros empleos, en vez de entrevistar a alguien que trabajó solo en un almacén? Si fueras una guardería que debe contratar a un auxiliar de maestra, ¿no preferirías entrevistar a alguien que ha demostrado tener mucha responsabilidad en empleos anteriores, que a alguien que saltó de una industria a otra? Si fueras una compañía de seguros que desea contratar a un perito tasador, ¿no preferirías entrevistar a alguien con experiencia en tareas que requieren ser detallista y completar formularios, que a alguien que va por la vida sin rumbo?

Piensa en los autos por un momento. Cuando piensas en un Prius, piensas en ahorro de combustible. Cuando piensas en el Corvette de GM, piensas en el rendimiento. Cuando piensas en un Jaguar, piensas en el lujo.

Debes pensar en el empleo para el cual te postulas y la empresa a la cual te postulas, y decidir qué aptitudes buscan, y luego debes presentarte a través del currículo como alguien que posee esas aptitudes.

La contratación de personal es una inversión en tiempo y dinero para la empresa, y quieren estar seguros de que la persona que contratan es la adecuada para el empleo. Por ello, a medida que adaptas tu currículo para cada caso en particular, debes destacar tu experiencia laboral, estudios, actividades extracurriculares y servicios comunitarios que te han preparado para el empleo que buscas.

Repetimos lo que ya hemos mencionado anteriormente, tu currículo debe dar la idea de que toda la experiencia acumulada te ha preparado para el puesto específico para el cual te postulas.

PAUTAS PARA REDACTAR UN CURRÍCULO

Si bien todos los currículos deben incluir la información básica sobre tus antecedentes —información de contacto, educación, antecedentes laborales, detalles de logros importantes— no deben incluir absolutamente todo sobre ti, y, como mencionamos anteriormente, deben presentarte de la mejor manera posible.

Antes de comenzar a redactar tu currículo, te damos algunas pautas importantes:

Todo lo que aparece en tu currículo sobre ti debe ser positivo (o, en el peor de los casos, no debe perjudicarte).

Te recordamos una vez más que un currículo no es una minibiografía, es un folleto de venta, lo cual significa que no debes incluir absolutamente todo lo que hiciste en tu vida en el currículo.

Si trabajaste en una tienda en un centro comercial, pero renunciaste al mes porque quedaba muy lejos de tu casa o no te llevabas bien con el supervisor, o por cualquier otro motivo, no lo agregues a tu currículo. No es relevante y podría dar la impresión de que cambias de empleo frecuentemente. Si tuviste diez empleos cortos en cinco años, no es necesario que incluyas los diez. Si cambiaste de escuela varias veces, indica únicamente el nombre del establecimiento del cual te graduaste y ni menciones al resto. Mencionar demasiados cambios en el currículo tiene un efecto negativo.

No obstante, decir que el currículo debe presentarte de la mejor forma posible, no significa que debes mentir acerca de tus antecedentes.

Es natural que quieras "realzar" tus logros. Sin duda, debes utilizar el lenguaje que mejor te presente ante un posible empleador. Sin embargo, incluir información falsa en el currículo no es lo mismo, ya que pueden descubrirte muy fácilmente, y si te descubren, perderás el empleo.

Muéstrales a los empleadores lo que tienes y por qué deberían contratarte.

La mayoría de la gente, al redactar los currículos describe las funciones de sus empleos anteriores. Debes crear un currículo que no sólo demuestre que desempeñaste la función mejor que nadie, sino que además puedes transmitir esas aptitudes al nuevo empleador.

Por ejemplo, la gente que trabaja en restaurantes a menudo agrega algo así en los currículos:

XYZ Restaurant, desde julio de 2006 hasta agosto de 2008

Camarera

- Tomaba pedidos de los clientes y los entregaba en la cocina

- Llevaba la comida a las mesas

- Entregaba las cuentas a los clientes y les llevaba el cambio a la mesa

- Limpiaba la mesa después de que los clientes se retiraban para que estuviera lista para los próximos clientes.

Todos saben lo que hace una camarera en un restaurante. No hay necesidad de dar tantos detalles en un currículo. Un empleador que lee este currículo pensaría que la persona es "mediocre" y, en el mejor de los casos, "regular". ¿Por qué querría un empleador contratar a alguien que no se desempeñó mejor que el resto?

Una redacción alternativa para este currículo podría ser (suponiendo que todo fuera verdad):

XYZ Restaurant, 2006 a 2008

Camarera, Estación Nro. 1 de alto volumen

- Tuvo el promedio de cuenta más alto de todos los camareros por sugerir entradas, postres y bebidas a los clientes.

- Tuvo una media de rotación de mesa por noche de 2.5 gracias a la rapidez del servicio, 25% más que el restaurante en general.

- Recibió más felicitaciones de la dirección por "buen desempeño de tareas" por el excelente servicio al cliente que cualquier otro servidor.

- Ascendida al módulo de mayor volumen después de tres meses debido a la habilidad para aumentar el promedio de cuenta.

¿Cuál de los dos postulantes anteriores contratarías? Ambos se refieren al mismo puesto en el mismo restaurante, no obstante, la segunda descripción no sólo presenta un empleo bastante típico de manera atractiva —al describir los logros en vez de las funciones— sino que el empleador puede imaginarse cómo esta camarera podría ocupar el puesto que la empresa necesita cubrir. (A propósito, las descripciones anteriores sobre el empleo de las camareras se extrajeron de currículos reales y no fueron inventadas por el autor.)

Al igual que la publicidad de un nuevo modelo de auto, un currículo debe tener mucho "atractivo" alrededor de los aspectos clave. Nadie compra un modelo particular de auto por tener cuatro ruedas, una llave de arranque y alfombras en el piso. La gente compra el auto que los hace sentir "bien". Del mismo modo, nadie contrata a un candidato simplemente por saber hablar o caminar. El candidato debe tener algo que haga sentir bien al empleador, por lo tanto, su currículo debe tener detalles llamativos como el folleto de un automóvil. El empleador debería sentir la necesidad de querer probar el auto —pedirte que vayas a una entrevista— después de leer tu currículo.

Por ello, cuando te sientes a redactar tu currículo, debes preguntarte: "¿Qué aspectos sobre mí podrían atraerle a este empleador?".

La forma en que dices las cosas puede marcar una gran diferencia.

Por ejemplo, a una joven vendedora la contrataron específicamente para atraer nuevos clientes a la empresa. Dado que la empresa pertenecía a un campo muy competitivo -impresiones de cuatro colores- el empleador sabía que era muy probable que tardara como mínimo un año completo en atraer a grandes clientes, pero estaba dispuesto a invertir el tiempo y el dinero. Durante el primer año, incorporó a tres clientes relativamente importantes, y su empleador estaba fascinado, incluso le dio una bonificación muy importante para demostrarle su agradecimiento.

Sin embargo, por motivos familiares, ella tuvo que mudarse a otro punto del país y salió a buscar otro empleo. En su currículo, indicó que había incorporado a tres clientes nuevos en un año, y muchos tuvieron la sensación de que no era muy eficiente como vendedora dado que "sólo había podido atraer a tres clientes nuevos". Si el currículo hubiera dicho "aumenté la cantidad de clientes en un 300% en sólo un año", habría tenido más entrevistas.

Debes utilizar cualquier frase que te resulte atractiva, siempre que sea verdad. La mayoría de las empresas son dinámicas, por lo tanto, las palabras que uses en el currículo también deben serlo. Algunas palabras que indican acción son:

Negocié

Desarrollé

Superé

Diseñé

Manejé

Excedí

Atraje

Supervisé

Creé

Resolví

Dupliqué, Tripliqué, Cuadrupliqué

"Superé las expectativas de la empresa para el territorio" es lo mismo que decir "Logré un 1% más que la cuota". La diferencia es que una de ellas es atractiva y la otra no. Una parece importante, la otra insignificante. Una parece mucho más de los que es en realidad y la otra no parece mucho.

La prolijidad es importante, y el buen diseño aún más

Te recordamos que tienes 10, quizá 15, segundos antes de que el empleador arroje tu currículo en la pila de "No". Además incluir una descripción bien escrita acerca de tu experiencia laboral, es importante que tu currículo sea prolijo y atractivo.

Piensa en los folletos que retiras de las tiendas o el material publicitario que te llega a tu buzón. Observa cómo utilizan los encabezados, los subtítulos, las viñetas, las negritas, los espacios en blanco, los colores y otros formatos visuales para atraer la atención a lo importante. Fíjate cómo mueves la vista alrededor de la página, tal como ellos pretenden.

Debes lograr lo mismo con tu currículo. En esos 10 ó 15 segundos que los empleadores miran el currículo por primera vez, deben ver la información que tú quieres que vean.

Lo que coloques primero en el currículo seguramente será lo primero que se lea —y a lo que le dediquen más tiempo— por lo tanto, debes colocar primero aquello que consideres más importante sobre ti. Si te ascendieron rápidamente a gerente en la empresa en la cual trabajas actualmente, asegúrate de que eso se vea de inmediato. Si regresaste al mismo trabajo de verano durante cinco años consecutivos, es un dato fantástico, ya que muestra que el empleador seguía aceptando que regresaras; no dejes de destacarlo. Si deseas que alguien sepa que has permanecido mucho tiempo en los empleos anteriores, coloca las fechas de empleo separadas del resto de la información.

También puedes utilizar el diseño para que lo negativo pase desapercibido.

A veces ocurre que los empleos no funcionan. Lo mejor es obviarlos en el currículo, pero en ocasiones es necesario incluirlos para que no haya brechas de desempleo visibles en el currículo. Quizá puedas agrupar algunos empleos cortos al final de la página como "Empleos varios" sin ninguna descripción, para restarles importancia. O puedes cubrir la brecha de tiempo en el currículo identificando el período de empleo del siguiente modo:

De 2000 a 2001

En vez de:

De junio de 2000 a enero de 2001

El primero da la idea de que el empleo duró más tiempo.

Un currículo bien diseñado no sólo dice cosas positivas sobre el candidato, sino que a menudo es una herramienta útil para ocultar la falta de experiencia. Quienes dan sus primeros pasos en el mundo de los negocios, generalmente no tienen mucho que agregar en el currículo. Por lo tanto, si uno transmite la idea de que todos los espacios en blanco deben estar allí por una cuestión estética de diseño, la falta de experiencia no será tan manifiesta.

Muchos recién graduados con poca experiencia incluyen toda su vida en la mitad superior de la hoja, esto deja en claro que no tienen mucho que contar sobre sí mismos.

Al leer el currículo, debes preguntarte constantemente: ¿Por qué un empleador contrataría a alguien así?

La ortografía y la gramática son importantes - muy importantes.

Sé que esto es más que redundante, pero merece un énfasis especial.

Con total certeza tu currículo quedará descartado en la pila de "no" si se identifica un error de ortografía o de gramática. No hay dudas sobre esto. Pídeles como mínimo a dos personas que revisen tu currículo para detectar posibles errores antes de enviarlo.

Algunos aspectos básicos

En términos generales podemos decir que existen dos tipos de currículos, y es importante utilizar el tipo que mejor nos presenta. Los dos formatos son:

- Cronológico

- Por aptitud

La mayoría utiliza el formato cronológico y va detallando los empleos que tuvo por orden, comenzando en primer lugar con el último empleo. Este formato funciona bien cuando hay cierta estabilidad en la carrera profesional: si no tuviste muchos empleos cortos; si permaneciste en cada empleo durante varios años; si la capacitación que recibiste en la escuela y en tus empleos anteriores se ajustan al empleo; y/o si existe cierta secuencia lógica en los empleos que tuviste.

El formato por aptitudes es ideal si al enumerar los empleos que tuviste en orden cronológico no estarías mostrando todas las cualidades que podrías aportarle al empleador, o peor aún, te perjudica en vez de ayudarte. Si tuviste muchos empleos cortos, al enumerarlos por orden cronológico se transmitiría la idea de que no puedes conservar un empleo. Si trabajaste en empresas pequeñas, enumerar los nombres de estas empresas primero y luego el cargo, no le estarías diciendo nada importante sobre ti al posible empleador. Si tuviste varios trabajos en distintos campos, al enumerarlos en orden cronológico podrías transmitir la idea de que no sabes qué tipo de empleo quieres.

Para los currículos organizamos por aptitudes, lo importante es buscar los puntos en común entre los distintos empleos y hacer hincapié en esto. Por ejemplo, supongamos que en los últimos cinco años fuiste bañero en la piscina de tu zona en los veranos; el gerente de turno noche de un restaurante local durante el año escolar; trabajaste como cajera en el cine los fines de semana; y en reiteradas ocasiones trabajaste de niñera para unos vecinos. Si enumeras todos estos empleos (sin contar el de niñera) en forma cronológica, dará la idea de que no puedes conservar ningún empleo y nadie te contratará.

No obstante, si analizas todos estos empleos, verás que hay algunas aptitudes muy buenas que claramente deben transmitirse al posible empleador. Alguien que ha ocupado todos estos cargos sin dudas es una persona muy trabajadora, que tiene un gran sentido de la responsabilidad y a quien se le puede confiar dinero y el activo de más valor para cualquier ser humano, sus hijos. Éste es el mensaje que debes transmitir, no que saltas de un empleo a otro y que no puedes conservar ninguno durante más de uno o dos meses.

Cualquiera sea el formato que escojas, hay datos que debes incluir en el currículo:

Información de contacto

Nombre, dirección, números de teléfono y dirección de correo electrónico. (Te sorprendería saber cuánta gente omite esta información.)

Experiencia laboral

Si utilizas el formato cronológico –se incluyen los empleos por orden, con el más reciente en primer lugar y luego se baja por fecha. Si eres nuevo en el mundo laboral, te aconsejamos incluir los empleos de media jornada y temporales que hayas tenido mientras estudiabas, e incluso debes incluir las pasantías y los empleos que tuviste en la escuela si le aporta más conocimientos sobre ti al empleador. Cada antecedente laboral debe incluir el cargo, nombre de la empresa y ciudad, fechas de empleo, una descripción en una línea de la tarea y dos o tres logros durante el empleo.

Si utilizas el formato por aptitudes, la mayor parte del currículo debe apuntar a lo que has logrado, y las referencias sobre antecedentes laborales sólo deben incluir fechas y nombres de los empleadores agrupados hacia la parte inferior de la página.

Si no tienes experiencia laboral, o tuviste muy poco, deberás incluir experiencias de vida: trabajo voluntario, cosas que hiciste en la escuela o servicios brindados de manera informal a terceros. Enumera, lo mejor que puedas, las experiencias más relevantes para el empleo que buscas.

Educación

Aquí también debes comenzar con el último estudio cursado, indica los nombres de los establecimientos educativos, los títulos obtenidos y las fechas de graduación. Si cursaste algún programa de capacitación laboral, inclúyelo también.

Todos cursan matemática, ciencias, literatura y otros cursos obligatorios, por lo tanto, no es necesario mencionarlos; no obstante, si cuentas con capacitación en el campo específico del empleador, te recomendamos incluir algunas de las materias que hayas cursado. Si, por ejemplo, vas a postularte para trabajar en una fábrica en una tarea que implica el mantenimiento de equipos, es conveniente hacerles saber que hiciste cursos de reparación de automotores y que trabajaste en el taller de la escuela.

Como mencionamos anteriormente, si fuiste a distintas escuelas secundarias o a distintas universidades, no es necesario mencionarlas todas. Lo único importante es mencionar los establecimientos donde hayas obtenido algún título.

Otros logros

Aquí debes incluir únicamente los reconocimientos y logros directamente relacionados con el empleo que buscas. Por ejemplo, si te postulas para un puesto en una oficina y trabajaste en la dirección de la escuela, debes mencionarlo. Si te postulas como guardavida y estuviste en el equipo de natación de la escuela, también es importante. De lo contrario, trata de incluir lo mínimo indispensable en la categoría "Otros".

Qué no debe incluirse en el currículo:

- Datos personales tales como edad, estado civil, cantidad de hijos, religión, información sobre salud física y mental, pasatiempos

- Información sobre salario actual y pretensión salarial

- Motivos negativos por los cuales uno dejó los empleos anteriores

CONSEJO SECRETO SÚPER ESPECIAL:

Los reclutadores profesionales tienen una forma "especial" de mirar los currículos, se denomina "La distribución de espacio del currículo".

Básicamente, la gente tiende a destacar más en sus currículos las experiencias que fueron más positivas para ellos, y asignarles menos espacio a las negativas. Dicho de otro modo, la gente destina más "espacio" del currículo a las experiencias que más disfrutaron.

Entonces, por ejemplo, si incluyes los empleos por orden cronológico e indicas el nombre y las fechas, más una línea de descripción, para tu puesto actual, pero para describir el puesto anterior usaste siete líneas, es un indicio de que hay algo que no está funcionando muy bien en tu empleo actual, y el reclutador querrás saber por qué.

O, algo que sucede a menudo, la gente describe sus experiencias escolares —clases, actividades extracurriculares, calificaciones, premios obtenidos, etc.— pero luego son muy breves al describir los antecedentes laborales. Claramente esto demuestra que la persona disfrutó mucho su época escolar y que está teniendo algunos problemas para adaptarse a la vida laboral.

Recuerda que lo más importante para resaltar en tu currículum son las cosas que dan una imagen positiva de ti y que pueden ayudarte a llegar a una entrevista, todo lo demás es irrelevante o perjudicial.

PREGUNTAS FRECUENTES SOBRE CURRÍCULOS

¿Debo incluir un "objetivo"?

Si envías el currículo a una empresa o respondes un aviso clasificado, la respuesta es "no".

Si bien hay muchos libros sobre cómo preparar un currículo que aconsejan incluir un objetivo para todas las situaciones, este autor no lo recomienda. La mayoría de las "declaraciones de objetivo" dicen algo sí como: "Conseguir un empleo atractivo en el área de ventas", lo cual es obvio ya que te estás postulando para un puesto en ventas, o adoptan un enfoque más filosófico con algo del estilo: "Ser todo lo que puedo ser", que da la sensación de que deberías estar recibiendo terapia en vez de postularte para un empleo. Dado que en estas situaciones, la declaración de "objetivo" no aporta nada, podría terminar perjudicándote más que ayudándote.

Si vas a colocar tu currículo en Internet, en sitios web como Hotjobs.com o Monster.com, entonces la respuesta es "sí".

Hay millones y millones de personas que colocan sus currículos en estos sitios web (algo que también deberías hacer), lo cual significa que cuando los empleadores hacen una búsqueda por palabras claves, a menudo terminan con cientos de currículos para analizar, muchos de ellos ni siquiera son adecuados para el puesto, pero por algún motivo contienen la palabra clave. Para evitar que te descarten rápidamente debido a que el empleador no puede determinar de inmediato si estás en el campo correcto, deberías incluir un objetivo que indique el tipo de puesto que buscas. Por ejemplo: "Encontrar un puesto en el área de ventas farmacéuticas", o: "Encontrar un puesto en una empresa constructora que me permita especializarme en carpintería".

¿Debo adjuntar referencias al currículo?

No, inclúyelas únicamente cuando las piden. Según los requisitos del puesto, existen distintas personas que pueden hablar sobre las distintas aptitudes que tienes. Alguien que te conoce como cajera quizá no pueda dar referencias sobre ti como vendedora. Además, debes asegurarte de que las personas que incluyas como referencia hablarán sobre ti. Hay postulantes que incluyen referencias que no los recuerdan muy bien o que no tienen nada positivo para decir de ellos.

Por último, quién es la referencia es casi tan importante como lo que dice. Los ex empleadores y supervisores tienen mucha credibilidad; sin embargo, los compañeros de trabajo, los amigos y quienes no tienen ninguna relación con tu profesión no son creíbles.

¿Hay que mencionar los pasatiempos, los datos personales, etc.?

Mientras que muchos reclutadores profesionales consideran que este tipo de información debería incluirse para demostrar que eres "equilibrado", muchas veces es más negativo que positivo. Por ejemplo, si eres fanático del básquetbol y además de jugarlo vas a todos los partidos de tu equipo local, un empleador podría preguntarse si te retirarías antes del trabajo, o directamente faltarías, para ir a ver el partido.

Supongamos que te encanta esquiar, entonces lo mencionas en el currículo porque crees que demuestra que eres una persona saludable y activa. Lo que no sabes es que el año anterior uno de los vendedores que fue a esquiar quedó atrapado en una tormenta de nieve en Denver y faltó a una reunión importante que le hizo perder una venta muy importante a la empresa. Desde ese momento, el gerente de ventas se niega a contratar a esquiadores.

Deja que el empleador se entere de que eres "equilibrado" en la entrevista.

Además, no incluyas datos personales, tales como altura, peso, color de cabello, estado civil, cantidad de hijos, y demás información. A nadie le dan una entrevista por medir 5'7", pesar 145 libras y tener cabello castaño. Además, incluir la edad, el estado civil y la cantidad de hijos puede hacer que te descarten por prejuicio del empleador. Es el motivo por el cual existen leyes sobre estos datos.

¿Qué extensión debe tener?

En esta instancia de tu carrera profesional, el currículo no debería tener más de una página, salvo que exista algo sumamente interesante sobre tus antecedentes que requiera agregar una segunda página.

Currículos electrónicos versus currículos impresos

Hoy, la mayoría de los currículos se entregan en formato electrónico, por ello, es doblemente importante que armes uno que sea atractivo en la pantalla de la computadora. Este libro tiene una o dos plantillas que puedes utilizar, pero podrás encontrar más estilos en otros libros. Es un aspecto muy importante, por lo tanto, si no estás familiarizado con el uso de la computadora, pídele a alguien que te ayude.

Si bien es fundamental que lleves una copia impresa a las entrevistas, y aún existen muchos casos de empleadores que prefieren recibir una copia impresa en vez de una electrónica, el currículo electrónico es mucho más importante.

Dicho esto, cuando le entregas a alguien una copia impresa del currículo, asegúrate de que sea en papel de buena calidad, ya que esto demuestra que te importa la percepción que tienen de ti. Utiliza papel blanco o blanco crema de buen pesaje, sólo de tamaño 8 1/2" X 11". No utilices papel de color, ni papel de tamaños extraños o papel tipo pergamino, no logran destacar tu currículo, todo lo contrario, te descalifican. Lo que debe destacarse son tus logros, no el papel.

En las siguientes páginas, verás algunos ejemplos de currículos buenos y currículos malos, pero queremos reiterar algunos puntos clave que debes tener en cuenta al armar un currículo:

- El currículo es un folleto publicitario sobre ti, no una minibiografía. La única función de un currículo es lograr que te den una entrevista, donde podrás demostrar que eres el candidato ideal para el puesto.

- El currículo es un paquete que debe presentar tus mejores atributos. Todo lo que incluyas en él debe ser un aspecto positivo sobre ti o debe aportar información importante sobre ti para el empleador. No debes incluir nada que pueda percibirse como algo negativo, por ejemplo, se debe eliminar, minimizar o desestimar la confusión que se transmite por haber tenido muchos empleos cortos.

- El currículo debe apuntar al puesto en particular, a la empresa en particular o a la industria en particular. Es tu responsabilidad investigar de qué se trata el empleo antes de postularte.

- El currículo no es un simple listado de las funciones que desempeñaste en tus empleos, es tu oportunidad de demostrarle al empleador lo bien que te desempeñaste antes y por qué eres la mejor opción para cubrir el puesto vacante.

- Los errores de ortografía, los errores de gramática, la falta de cuidado y demás pueden hacer que te descarten de inmediato.

Y lo más importante de todo, ¡pídele a alguien que revise tu currículo!

ANTES. Nº1

Susan Q
1 Wilshire Blvd, #3
Los Angeles, CA 90000
(213)555-4567, Susanq@a.com

Objetivo

Conseguir un puesto en una buena empresa que me ofrezca oportunidades de crecimiento y donde tenga la posibilidad de aplicar mis conocimientos, aptitudes y talentos.

Educación

2001, Diploma — Detroit City High School (Preparatoria), Detroit, Michigan

Experiencia laboral

6/08 a la actualidad
ABC Magazine, Los Ángeles, CA
Asistente Administrativa
- A cargo de responder el teléfono, enviar folletos, incluir información en bases de datos, responder preguntas

2/08 - 5/08
DEF Cosmetics Company, Los Ángeles, CA
Auxiliar de Inventario
- A cargo de hacer el seguimiento de los productos vendidos

4/04 - 2/07
GHI Inc, Fountain Valley, CA
Asistente de Ventas
- A cargo de recibir llamadas de quienes llamaban para comprar por catálogo

1/04 - 4/04
Slammin' Sam's, Newport Beach, CA
Camarera
- A cargo de tomar pedidos de comidas, servir comida y limpiar mesas

6/03 - 12/03
IRV Real Estate Co, Newport Beach, California
Recepcionista
- Encargada de recibir la gente que ingresaba al edificio

9/01 - 6/03
STR Architects, Santa Ana, California
Asistente del Presidente

10/00 - 1/01
JKL Department Store, Detroit, Michigan
Mesa de envoltura durante Navidad

10/99 - 1/00
JKL Department Store, Detroit, Michigan
Cajera durante Navidad

Aptitudes
* Trabajo bien en equipo
    * Responsable y puntual
    * Aprendo rápido: dispuesta a hacer más para adquirir experiencia
    * Pongo gran dedicación en mi trabajo y lo disfruto

Datos personales
Casada, un hijo, excelente salud, 5'4", 107 lbs.
Mis pasatiempos incluyen: tocar en una banda, el béisbol y el patinaje en línea

Antes. Nº1

Este currículo no se centra en ninguna habilidad (por ejemplo, ventas), ni demuestra un compromiso con ningún campo en particular (por ejemplo, área de la salud). Transmite la idea de que Susan está dispuesta a aceptar cualquier empleo, y peor aún, da la impresión de que no puede conservar un empleo una vez que lo consigue. Si un empleador mirara rápidamente su currículo, se quedaría con la idea de que tuvo ocho empleos en ocho años. Dado que su currículo no muestra ningún crecimiento profesional ni éxito en ninguno de los puestos que ocupó, no existe motivo para creer que es muy buena en algo, no hay motivo para contratarla. A continuación incluimos algunos comentarios específicos sobre su currículo:

A El "objetivo" se refiere exclusivamente a Susan y a lo que ella quiere del empleo. La empresa no la va a contratar para convertirla en una mejor persona; la quieren contratar porque necesitan a alguien que realice ciertas tareas. El objetivo no agrega nada positivo a este currículo, y por lo tanto, no debería incluirse.

B Si bien es importante que Susan haya terminado la preparatoria, es un requisito mínimo para el empleo y todos los que se postulan deben tener, como mínimo, un título de la preparatoria. Por lo tanto, no tiene la importancia suficiente como para aparecer al principio de la página.

C Todos saben lo que hace una "asistente", por ello, detallar las tareas no aporta ninguna información sobre Susan ni sobre sus aptitudes. Lo que es peor, al detallar las tareas, cualquiera podría inferir que su desempeño en sus empleos anteriores no fue nada especial.

D Los empleos de corto plazo y de media jornada agregan confusión y transmiten la idea de que Susan no puede conservar un empleo. Los empleadores que deben revisar un pila de currículos probablemente no se tomen el tiempo para intentar comprender por qué el candidato tuvo tantos empleos en poco tiempo.

E Los empleadores tienden a ignorar las aptitudes admirables que los candidatos se asignan, ya que nadie puede ser realmente muy honesto sobre sus aptitudes y hábitos laborales. Este tipo de información no agrega nada, así que es preferible omitirla.

F Los datos "personales" no aportan nada a la postulación del candidato, y por lo tanto, deberían eliminarse. Peor aún, los datos personales contienen muchos posibles puntos negativos. Por ejemplo, qué ocurre si el reclutador supone que Susan faltará al trabajo si la banda debe tocar fuera de la ciudad.

DESPUÉS. Nº1

Susan Q
1 Wilshire Blvd, #3
Los Angeles, California 90000
213/555-4567 (Particular)
213/555-6543 (Celular)
Susanq@a.com

EXPERIENCIA

2008 a la actualidad **ABC Magazine, Los Ángeles, California**

Asistente Administrativa

- Colaboré con el equipo de ventas de publicidad que vendió 52 nuevas cuentas de publicidad en 2008, lo cual representó un aumento de ingresos del 40% para el territorio.
- A cargo de resolver problemas y quejas de clientes, lo cual le dio más tiempo al equipo de ventas para salir al campo y buscar nuevos negocios.
- A cargo de mantener una base de datos de posibles nuevos negocios que le permitió al equipo de ventas reducir las llamadas de ventas innecesarias en un 25%.
- Creación de procedimientos que redujeron el tiempo necesario para enviar materiales de venta de una semana a un día.

2004 a 2007 **GHI Inc, Fountain Valley, California**

Asistente de Ventas

- Participación clave en el lanzamiento de TFR Machine para el mercado de viviendas. Las ventas del primer año excedieron las expectativas en un 50%.
- A cargo de supervisar la creación de folletos de productos, utilizados por vendedores y subcontratistas en todo el país para conseguir nuevos negocios.
- Recibí el premio "Asistente de Ventas del Año" en 2008

2001 a 2003 **STR Architects, Santa Ana, California**

Asistente del Presidente

- Me ascendieron de Auxiliar de Archivos a Asistente después de trabajar en la oficina del Presidente durante tres meses.
- A cargo de filtrar (y en muchos casos responder) todas las llamadas telefónicas, correspondencia y correos electrónicos para no distraer al Presidente de sus responsabilidades principales.

Otro empleo: Experiencia en ventas durante las fiestas y ventas temporales / servicio al cliente.

EDUCACIÓN

2001   Diploma, Detroit City High School (Preparatoria)

Después. Nº1

Al armar el currículo de modo más interesante en términos visuales y destacar únicamente los empleos en los que Susan permaneció durante un tiempo prolongado, sus antecedentes laborales parecen mucho menos erráticos. Además, dado que los empleos como asistentes eran todos de naturaleza similar, su carrera profesional parece tener un foco, y esto le brinda la oportunidad de explicar por qué desea cambiar de empleo. Ahora le resultaría fácil decir que busca un puesto con más responsabilidad, o que después de tantos años de ser asistente, ahora quiere un nuevo desafío. Cualquiera que lea su currículo ahora creerá que es una empleada comprometida que está dispuesta a permanecer en un mismo empleo varios años.

A Susan le agrega atractivo. En vez de simplemente describir las tareas del puesto, como lo hizo en su currículo anterior, demuestra que es una empleada excelente, y el posible empleador puede imaginarla fácilmente como un activo para la empresa.

B Un empleador que debe revisar docenas de currículos, por lo general, primero da un vistazo rápido para determinar si existe un motivo para leer el currículo en detalle. Al utilizar negritas, espacios en blanco y viñetas, Susan atrae de inmediato la atención a los aspectos claves de sus antecedentes que quiere que el empleador vea.

C Esto podría eliminarse por completo salvo que haya brechas en el currículo que deban explicarse. Si decide agregar empleos de corto plazo o media jornada en el currículo, al agruparlos les resta importancia y no distraen tanto al lector.

ANTES. Nº2

John B.
1 Ewing Way
Braddock, Texas 70000
(214)555-1212

 OBJETIVO: Un puesto en una empresa de software informático como gerente de ventas o un puesto directivo en ventas en una organización agresiva, con miras de crecimiento. Se prefiere una posición que ofrece oportunidades de crecimiento y progreso permanente.

EXPERIENCIA LABORAL

SOFTWARE-IS-US, Dallas, Texas, Gerente de Ventas Local (2007-2009)
Dirigí un equipo de ventas de nueve personas para una empresa de doce millones de dólares. Responsable de contratar y capacitar al personal. Realicé revisiones anuales de salarios. Acompañé al personal a las visitas de ventas para garantizar que hubieran entendido nuestros productos. Escribí propuestas de ventas cuando la empresa recibía pedidos de licitación.

THE SOFTWARE COMPANY, Houston, Texas, Gerente de la Costa del Golfo (2004-2007)
Encargado de la apertura de la oficina de ventas en Houston para el software de perforaciones petroleras y dirigí operaciones de ventas, contraté, capacité y supervisé al personal.

B SMITH, SMITH, SMITH & SMITH, Houston, Texas, Representante del Fabricante (2004-2004)
Encargado de vender una variedad de productos de software informático a las empresas dedicadas a la perforación petrolera.

LAND CO, Irvine, Texas, Gerente de Mercadotecnia (2001-2004)
Creé y dirigí el departamento de publicidad y mercadotecnia para una corporación de desarrollo inmobiliario con fines residenciales.

C THE MESA SHOE STORE., Austin, Texas, (2000-2000)
Vendí zapatos en una tienda de zapatos femeninos.

COMPUTER STORE, Austin, Texas, Auxiliar (1998-2000)
A cargo de mantener el inventario. Venta a clientes que ingresaban a la tienda. Ayudé al dueño a cambiar exhibidores cuatro veces al año. Encargado del calendario de mantenimiento de la tienda.

D EDUCACIÓN: Austin Community College, Associate of Arts Degree (Titulo universitario de dos años), 2000
Materias cursadas: Matemáticas, Literatura Inglesa, Biología, Química, Reparación de Computadoras

E PASATIEMPOS: Me gusta interactuar con la gente, navegar por Internet, leer, practicar deportes, la música y jugar al póquer

Antes. Nº2

La carrera profesional de John parece bastante deslucida aunque haya pasado muchos años en la misma industria y tenga una trayectoria profesional decente. Al ser tan breve sobre los antecedentes, da la impresión de que no se toma el tiempo para redactar el currículo (que un empleador podría interpretar como "no se tomará el tiempo para hacer un buen trabajo"), o no tiene mucho que decir sobre sí mismo (que un empleador podría interpretar como "no tiene mucho que decir sobre los productos que vende"). Y, como ocurre en el currículo de la página anterior, detallar todas las tareas del puesto es contarle a la gente algo que ya sabe, y hace que el candidato quede como un empleado "regular", en el mejor de los casos.

A Dado que John siempre se dedicó a la venta de software y está buscando un empleo en el área de ventas de software, el objetivo no agrega nada, y debería eliminarse.

B Las descripciones de las tareas no agregan información nueva ni interesante sobre John, y no le dan al empleador un motivo para llamarlo a una entrevista.

C Este período de tiempo es confuso. ¿Tuvo estos empleos mientras estaba en la escuela? ¿Lo despidieron de uno o de ambos? ¿Hacía dos trabajos al mismo tiempo? ¿Hay algún problema oculto aquí?

D Salvo que haya algo especial sobre las materias cursadas, es mejor directamente no incluirlas. Todos los postulantes seguramente cursaron matemática, biología, literatura inglesa. etc., por lo tanto, no aporta información interesante o particular sobre John. En este caso en particular, valdría la pena mencionar si hubiera tomado clases de capacitación en ventas.

E Como ocurre con el currículo anterior, sus "pasatiempos" no agregan nada a sus calificaciones para el puesto, y deberían eliminarse.

DESPUÉS. N°2

John B.
1 Ewing Way
Braddock, Texas 70000
214/555-1212(Particular)

Logros relacionados con las experiencias de ventas
en la industria de software informático

- Aumenté los ingresos en un 40% durante un período en el cual la industria bajó un 20%.
- Establecí el primer programa de ventas in situ que generó un adicional de 7 millones de dólares en ingresos para la empresa durante un período de tres años.
- Vendí 12 millones de dólares en un software de producto nuevo: el pedido más grande en la historia de la empresa.
- Vendí actualizaciones de software al 96,4% de los clientes, lo cual generó un ingreso adicional de 4 millones de dólares.
- Algunos de los clientes:
  ExxonMobil
  ChevronTexaco
  Yukos (Rusia)
  Total (Francia)
  British Petroleum (Reino Unido)

Logros relacionados con
experiencias en otras industrias

- Gané el premio al mejor vendedor en una empresa con un equipo de venta formado por 25 profesionales de dedicación exclusiva.
- Establecí políticas y procedimientos que generaron un aumento del 300% en las ventas, y al mismo tiempo se redujo la cantidad de empleados en un 25%.
- Vendí más de la cuota, como mínimo un 25% más al año en todos los puestos que ocupé.

Empleos en ventas

2007 - 2009, Gerente de Ventas Local, Software-Is-Us
2004 - 2007, Gerente de Costa del Golfo, The Software Company
2001 - 2004, Gerente de Mercadotecnia, The Land Company

Educación

Associate of Arts Degree (Título universitario de dos años), Austin Community College, 2000

Después. Nº2

El hecho de ordenar el currículo por logros, le permite a John agrupar mucha información importante sobre su desempeño. Es una técnica muy importante para aquellos que no pueden decir mucho sobre su desempeño en puestos individuales, pero tienen un desempeño impresionante si se lo analiza en su conjunto.

A Al mencionar esta industria en particular, queda claro que John tiene un fuerte compromiso con las ventas de software informático, aunque también se haya desempeñado en otras industrias.

B El hecho de incluir los clientes y grandes cifras en dólares agrega atractivo a un currículo, en especial cuando los nombres de los empleadores no son conocidos por otros en la industria.

C No se destacan tanto los empleadores y los cargos, y sí se destacan los logros. Los empleos cortos y los empleadores poco relevantes se eliminan ya que pueden distraer la atención.

Como ocurre con el currículo anterior: al utilizar negritas para destacar la información más importante; al utilizar espacios en blanco para facilitar la lectura del currículo; y al utilizar viñetas para destacar los puntos clave, John se presenta de modo más interesante frente al empleador. El empleador puede "imaginarse" a John trabajando en su empresa y puede tener una idea de cómo se desempeñaría.

ANTES. Nº3

A

Max T
22022 Smith Ave
LA, CA 90698
(323) 555-1235
OutForFun@a.com

B Objetivo

Mi objetivo es conseguir un empleo que pague bien.

C Antecedentes laborales

The Forum, Los Ángeles, CA, de junio de 2005 a octubre de 2008
- Receptor de boletos, venta de refrigerios, controlador de tránsito

McDaniels Building, Los Ángeles, CA, de abril de 2002 a diciembre de 2004
Guardia de Seguridad
- A cargo de la seguridad entre las 11 p.m. y las 6 a.m.

McDonald's, Garden Grove, Los Ángeles, de marzo de 1999 a enero de 2002
- Subgerente de turno, noche

D Educación

GED, 2002

E Los Angeles High School (Preparatoria)

Antes. Nº3

    ¿Por qué querría alguien entrevistar a esta persona? Aparentemente no tiene enfoque, imaginación ni aptitudes. El currículo de Max no dice nada sobre por qué alguien debería contratarlo más que para ocupar un puesto sin calificación, de bajo nivel.

A Los empleadores se fijan en los pequeños detallas para obtener una impresión sobre ti, por ejemplo, en tu dirección de correo electrónico. Incluso la forma en que abrevias un nombre puede decirle mucho sobre ti al empleador. En este ejemplo, el empleador podría suponer que Max es un poco perezoso ya que ni se tomó el tiempo de escribir Los Ángeles (LA) o General Educational Development (GED) (Desarrollo Educativo General).

B El objetivo se centra exclusivamente en él y no en lo que le puede aportar al empleador.

C Como ya hemos mencionado, el sólo hecho de detallar las tareas no dice nada sobre el tipo de desempeño que tuvo Max en estos puestos, por lo tanto, se entiende que tuvo un desempeño regular, en el mejor de los casos.

D A pesar de haber recibido el certificado GED, Max no parece aprovecharlo para lanzarse a un futuro mejor. De hecho, parece estar más avergonzado que contento de tenerlo.

E El tipo de información que plantea más dudas que respuestas da lugar a que el empleador imagine cosas equivocadas sobre el candidato. ¿Por qué Max abandonó la preparatoria? ¿Le resultaba muy difícil? ¿Faltaba a clases para quedarse en una esquina con sus amigos? ¿Hubo una emergencia familiar? No se puede dejar información sin explicar en un currículo.

    Un currículo no es simplemente una hoja de papel, es el reflejo de la vida de una persona. Los empleadores sacan conclusiones y toman decisiones sobre un postulante a partir de lo que ven en el currículo, por ello, debes asegurarte de que el currículo hable bien de ti. Si en tu caso, es difícil redactar un currículo impactante y positivo porque pasaste los primeros años de tu adultez sin objetivo profesional y cambiando de un empleo a otro, quizá debas tomarte un poco de tiempo para ganar credibilidad y resultarles atractivo a los empleadores en el campo que elijas.

    Supongamos que, después de todas tus experiencias laborales, decides que quieres dedicarte a la "administración de inmuebles", pero como no tienes experiencia en este campo, nadie te contratará. Debes armar un currículo, y en este caso particular, podría implicar: a) hacer una pasantía con un contratista matriculado para aprender sobre las tareas de mantenimiento; b) hacer cursos en el colegio universitario municipal para obtener una capacitación básica en el campo; y, c) participar como voluntario en una organización, por ejemplo, Habitat for Humanity, para ganar experiencia práctica.

    Después de un año de participar en este tipo de actividades, tendrás un currículo mucho más atractivo y focalizado, y te resultará mucho más fácil empezar una carrera profesional.

DESPUÉS. Nº3

Max Tenth
22022 Smith Avenue
Los Angeles, CA 90000
(323) 555-1235 (Particular)
(323) 555-9876 (Celular)
MaxTenth@a.com

Objetivo

Trabajar en un ámbito con retos como asistente de ventas que me permita utilizar mi experiencia en servicio al cliente para servir a la empresa.

Antecedentes laborales

2004 - 2008 The Forum, Los Ángeles, California
Representante de Servicios al Cliente

Tareas a mi cargo:
- Receptar los boletos en la entrada con mayor concurrencia
- Colaborar con el personal de refrigerios en los intervalos y en otros picos de concurrencia
- Dirigir el transito para maximizar la seguridad del público y reducir los accidentes

2000 - 2003 McDaniels Building, Los Ángeles, California
Servicios de Seguridad

Tareas a mi cargo:
- Monitorear las entradas y salidas después de hora en un edificio de oficinas con 25 empresas multimillonarias dedicadas a servicios financieros.
- Realizar patrullajes para garantizar que no se violaran o alteraran los espacios corporativos.

2000 - 2003 McDonald's, Garden Grove, California
Subgerente de Turno, Noches

Tareas a mi cargo:
- Ascendido a subgerente después de tres meses
- Ayudar al gerente en todos los aspectos que tienen que ver con dirigir el negocio durante la cena y después de la cena.

Otras actividades Big Brother Association
Mentor de un niño que crecía sin padre

Educación Certificado de Desarrollo Educativo General (GED), 2002

Los Angeles High School (Preparatoria): obligado a dejar la escuela antes de graduarme debido a una emergencia familiar.

Después. Nº3

Como se mencionó anteriormente en este libro, los currículos son folletos de venta que deberían redactarse y diseñarse con el objetivo de destacar los puntos clave que uno quiere transmitir. Con un poco de imaginación y un buen diseño utilizando letras en negritas y de tamaño grande, espacios en blanco y viñetas, se puede lograrra que un currículo escaso parezca completo.

A En este caso, un objetivo es válido e importante. Max no tiene una meta profesional en particular, por lo tanto, es importante identificar el tipo de puesto que busca. Además, al indicar que tiene experiencia en servicio al cliente, se delimita la forma en que el empleador mirará el resto del currículo. No está de más indicar que busca un ámbito que imponga retos: es una especie de cumplido para el empleador y transmite la idea de que Max no es perezoso.

B La descripción de las tareas debe respaldar el deseo de Max de conseguir un puesto en el área de ventas. Dado que no tiene experiencia en este campo, debe demostrar que tiene experiencia en servicio al cliente, sentido de la responsabilidad e imaginación para describir incluso la tarea más rutinaria de modo interesante.

C Uno de los atributos más fuertes de Max es el tiempo que permaneció en sus empleos. Al colocar los años de empleo en una columna separada, su mensaje de "permanencia" se transmite bien claro, y el empleador no deberá preocuparse de que Max sea alguien que cambia con frecuencia de empleos, y que deje éste en cuanto reciba una oferta mejor.

D Una buena forma de obtener el tipo de experiencia que necesitas para progresar en tu carrera profesional es trabajar como voluntario en una organización sin fines de lucro. Esto no sólo demuestra que te importa la comunidad –que es ni más ni menos lo que es una empresa– sino que también indica que estás dispuesto a hacer un esfuerzo por el beneficio de los demás, una cualidad admirable.

E Cuando hay algún espacio vacío en el currículo –por ejemplo, el hecho de abandonar la preparatoria– los empleadores preguntarán (y si no lo preguntan, les despertará curiosidad) por ello, así que es recomendable hablarlo abiertamente para poder convertir algo que podría ser negativo en algo positivo.

HOJAS DE TRABAJO PARA REDACTAR CURRÍCULOS

Utiliza los puntos que se incluyen a continuación para reunir información sobre ti antes de comenzar a redactar el currículo.

¿Cuáles son tus exigencias para el próximo empleo? (Remuneración, beneficios, cargo, ubicación, supervisón, personal, equipos, etc.)

_____

_____

_____

_____

_____

¿Qué aspectos del currículo te gustaría resaltar? (fechas de empleo, nombres de empleadores, denominación del cargo, etc.)

_____

_____

_____

_____

_____

¿Qué aspectos del currículo deseas que pasen desapercibidos? (fechas de empleo, nombres de empleadores, denominación del cargo, etc.)

_____

_____

_____

_____

_____

¿Existe alguna situación en tus antecedentes que quisieras minimizar o eliminar del currículo? (Duración de los empleos, despidos, etc.)

_____

_____

_____

_____

_____

CURRÍCULO CRONOLÓGICO

Tu nombre

Tu dirección

Tu ciudad, estado, código postal

Tu número de teléfono particular, tu número de celular

Tu dirección de correo electrónico

Experiencia

Tu último empleo/empleo más reciente, cargo, fechas de empleo (años únicamente)

_____

Descripción en una o dos líneas de tu puesto y funciones

_____

Indica tres de tus logros más importantes

_____

_____

_____

Tu empleador anterior, cargo, fechas de empleo (años únicamente)

_____

Descripción en una o dos líneas de tu puesto y funciones

_____

Indica dos de tus logros más importantes

_____

_____

Tu empleador anterior, cargo, fechas de empleo (años únicamente)

_____

Descripción en una o dos líneas de tu puesto y funciones

_____

Indica dos de tus logros más importantes

_____

_____

Educación

Año en que te graduaste, establecimientos educativos, títulos obtenidos, carreras y materias cursadas, si fuera relevante

_____

_____

Capacitación especial (fuera de la escuela)

_____

_____

Otras actividades y logros (Indica las distinciones, honores, servicios comunitarios, etc. que refuercen tu currículum)

_____

CURRÍCULO POR LOGROS

Tu nombre

Tu dirección

Tu ciudad, estado, código postal

Tu número de teléfono particular, tu número de celular

Tu dirección de correo electrónico

Logros

Identifica los logros más destacados de todos tus trabajos anteriores o actividades escolares/comunitarias. Quizá sea conveniente agruparlos según las "aptitudes", por ejemplo ventas o dirección, que deseas destacar.

_____

_____

_____

_____

_____

_____

Experiencia

Tu último empleador/empleo más reciente, cargo, fechas de empleo (años únicamente)

Tu empleador anterior, cargo, fechas de empleo (años únicamente)

Tu empleador anterior, cargo, fechas de empleo (años únicamente)

Tu empleador anterior, cargo, fechas de empleo (años únicamente)

Educación

Año en que te graduaste, establecimientos educativos, títulos obtenidos, carreras y materias cursadas, si fuera relevante

Capacitación especial (fuera de la escuela)

Otras actividades y logros (Indica las distinciones, honores, servicios comunitarios, etc. que refuercen tu currículum)

LA CARTA DE PRESENTACIÓN

Como ocurre con todo lo demás, existen distintas opiniones respecto de las cartas de presentación. Hay algunos que creen que es lo más importante del material del currículo ya que demuestra tu habilidad para escribir, mientras que otros consideran que es irrelevante ya que la mayoría lee directamente el currículo. No existe un punto de vista correcto o incorrecto. No obstante, lo importante es que necesitas una carta de presentación para comunicarle al empleador cuál es el empleo que te interesa, si estás respondiendo a un aviso clasificado, y dónde lo viste.

Ya que debes tener una carta de presentación, aprovéchala. Es tu oportunidad para transmitir tu interés y energía. Una buena carta de presentación atrae la atención del empleador y transmite una idea de competencia. Recuerda que tu objetivo es conseguir una entrevista.

Las cartas de presentación deben ser relativamente breves y deben destacar uno o dos de los puntos más importantes que quieres transmitir. Ya sea tu experiencia directamente en la industria del empleador, tu permanencia estable en un empleo determinado o tus antecedentes académicos: aprovecha este espacio para transmitir uno o dos de los puntos que consideres más importantes.

Y, aunque sea una nota corta, debe estar escrita a máquina y no manuscrita, debe ser formal y no tener errores de ortografía o gramática. Todas las cartas de presentación deben incluir lo siguiente:

Saludo

Si es posible, envía la carta o el correo electrónico a una persona específica en vez de hacerlo a una empresa o al departamento de una empresa. Si no sabes a quién debes dirigirla, comunícate con la empresa y averigua quién está a cargo de la contratación para el puesto. Corrobora cómo se deletrea el nombre con la persona que estás hablando y asegúrate de conocer la denominación correcta del cargo. Es importante recordar que no le estás escribiendo a un amigo o a alguien que conoces desde hace mucho tiempo. Es una carta formal y debes dirigirte con frases como "Estimado Sr._____:" o "Estimada Sra. _____:" y no "Querido Jack" o "Querida Sally". En el peor de los casos, debería dirigirse a Estimado Señor o Estimada Señora.

Ni se te ocurra comenzar con "Hola".

El primer párrafo

El primer párrafo debe indicarle al empleador para qué puesto te postulas y la conexión que tienes con la empresa. Si alguien de la empresa te sugirió postularte, menciona el nombre del empleado. Si estás respondiendo a un aviso clasificado, haz referencia al aviso. También explica por qué te estás postulando: por ejemplo, leíste sobre la empresa por Internet y crees que es una buena empresa donde trabajar; o, tu experiencia con el producto te da una buena impresión de la empresa. Lo importante es decir algo que demuestre que conoces a la empresa.

El segundo párrafo

Este párrafo debe incluir una breve explicación de tus aptitudes. Te reiteramos que debes incluir uno o dos puntos clave sobre tus antecedentes que te presenten como el candidato ideal para el empleo. No repitas todo lo que aparecerá en tu currículo. Presenta directamente los requisitos solicitados por el empleador y no temas resaltar tus aptitudes con negritas, cursiva o viñetas.

Aprovecha este espacio para explicar cualquier aspecto negativo. Menciona que hay una brecha un tanto extraña de un año sin empleo entre dos empleos. Quizá sea conveniente aclararles que, por ejemplo, estuviste trabajando en un negocio familiar o que estuviste cuidando a un familiar enfermo. No dejes que el empleador se imagine cosas que no son verdad, por ejemplo, que te despidieron por incompetente.

El párrafo de cierre

En el párrafo de cierre, agradécele al empleador por haber dedicado el tiempo de revisar tu currículo, solicita una entrevista y repite tu número de teléfono particular. El cierre es tu oportunidad para demostrar tu compromiso con el empleo. Si le dices al empleador que llamarás en unos días, recuerda hacerlo.

5.

LAS ENTREVISTAS QUE LOGRAN EL EMPLEO

Recibes "El llamado"... quieren tener una entrevista contigo. Cuando llega el gran día, te pones la mejor ropa y verificas dos veces la dirección para llegar puntualmente. Llegas unos minutos antes, contento de que hayas recordado traer una copia adicional del currículo para demostrar que estás preparado, y, finalmente, caminas por el pasillo siguiendo al posible empleador. Para romper el hielo, hablas sobre el clima, te quejas un poco del tránsito o haces un comentario sobre lo lindo que es el lugar donde se encuentra la oficina, y luego te sientas en la silla designada y te preparas para responder las preguntas que te harán.

Si te sientes identificado con el escenario anterior, como le ocurre a la mayoría de la gente, lo más probable es que no consigas el empleo. Como no te preparaste para la entrevista, es muy probable que caigas en una de las muchas trampas que te esperan, y quedarás descartado.

El mayor error que comete la mayoría es no entender exactamente en qué consiste el proceso de entrevista.

Al igual que ocurre con el currículo, debes entender que el proceso de entrevista no se trata de ti. Se trata de la empresa, y si puedes adaptarte a la organización y realizar las tareas que hacen que la empresa siga funcionando. Las empresas no contratan a la gente que les cae bien; contratan a la gente para que cumplan una función específica. Obviamente, buscan a una persona agradable, pero lo determinante es quién trabaja mejor.

Por lo tanto, si te sientas, listo para responder cualquier pregunta, no les estás contando tu historia; no estás destacando todos los aspectos sobre ti que deberías destacar; estás hablando sobre ti al vacío. Supongamos que uno de los aspectos que quieres destacar es que eres una persona muy detallista, y como tienes experiencia en la industria, sabes lo importante que es. Pero ¿qué ocurre si el empleador no saca el tema?

O, supongamos que el empleador te dice algo así como: "Cuénteme sobre su empleo ideal".

No sabes si debes hablar sobre tus habilidades de computación o tu disposición para trabajar hasta tarde o la precisión con la que realizas las tareas o la velocidad con que trabajas.

Quieres que tus comentarios se ajusten a las necesidades de la empresa, pero si no sabes cuáles son, ¿qué puedes decir?

TODO LO QUE DICES ES UN INDICIO SOBRE TI

Durante una entrevista, siempre hay dos principios básicos que deben tenerse en cuenta:

- Los empleadores prestan atención al significado real de tus palabras
- Una entrevista es una presentación de venta

COMENCEMOS CON LO BÁSICO

Si bien el proceso de entrevistas no es igual para todas las empresas ni para todos los empleados, existen ciertos elementos básicos que debes conocer.

La invitación

Puede ser una carta, un correo electrónico o una llamada telefónica. Por lo general el empleador ya tiene una fecha y horario en mente. Trata de acomodarte a ese horario, ya que para ellos podría ser difícil asignarte un horario alternativo. Si debes revisar tu agenda y volver a llamarlos, diles que los llamarás en la próxima hora. Y cúmplelo. No olvides preguntar el lugar exacto de la reunión y con quién te reunirás.

Y, si no conoces la dirección del sitio web de la empresa, pídela, para que puedas investigar a la empresa antes de ir a la entrevista.

Duración de la entrevista

Algunas entrevistas duran 15 minutos y otras, dos horas, nunca se sabe cuánto durarán. A veces la primera entrevista es sólo un filtro para descartar a los que claramente no poseen las aptitudes necesarias, por lo tanto, podría durar poco tiempo. En otros casos, el empleador podría hacerte un recorrido por las instalaciones o pedirte que hagas algún tipo de prueba, en este caso, podría durar más. Está perfectamente bien preguntar cuánto durará la entrevista al momento de confirmar la fecha y hora, y recuerda siempre calcular un poco más de tiempo para llegar a la entrevista.

¿Quién realizará la entrevista?

A veces el gerente del departamento que se encargará de la contratación maneja la primera entrevista, otras veces lo hace el dueño de la empresa cuando se trata de una empresa pequeña, y en otras ocasiones lo hace alguien de Recursos Humanos. No dudes en preguntar el cargo de la persona que te entrevistará al momento de confirmar la fecha y horario

Varias entrevistas

Para la mayoría de los empleos deberás ir a más de una entrevista. Si te invitan a una segunda o tercera entrevista, es algo positivo. Significa que la empresa está descartando a los candidatos que no cumplen con los requisitos y sólo les pide que regresen a los que siguen en carrera.

El juego de la espera

La mayoría de los empleadores te dirán que desean cubrir el puesto vacante "cuanto antes". Tú quizás interpretes esto como "en una o dos semanas". Pero la empresa tiene una agenda distinta. Puede llevarles semanas, e incluso meses, revisar todos los currículos que recibieron, realizar la primera ronda de entrevistas, volver a llamar a los candidatos para otras entrevistas, y finalmente, decidir a quién hacerle la oferta, sin que la empresa deje de funcionar como siempre. Esto puede ser una agonía para el que está esperando tener noticias de un empleo que realmente desea.

Al final de la primera entrevista, no dudes en preguntar en qué etapa del proceso de selección de candidatos se encuentra la empresa y cuándo se tomará una decisión final. Seguramente no sucederá dentro de los plazos que tú esperas, pero por lo menos tendrás una idea del tiempo que llevará, y les transmitirás que realmente te interesa el empleo.

Tu aspecto

Por el bien de la entrevista, piensa que la persona que te entrevistará es muy conservadora y a la antigua, lo cual significa que no puedes vestirte para la entrevista como lo harías si fueras a salir con tus amigos. Aunque en general las empresas ahora son mucho más informales, una entrevista no es el lugar y el momento para averiguar qué está permitido y qué no en la nueva empresa.

Vístete bien para la entrevista. Como mínimo, los hombres deben ponerse camisa y corbata, preferentemente con saco. Las mujeres tienen más opciones, pero siempre deben lucir profesionales.

Si, al ir a una entrevista, ves que la gente usa vaqueros y camiseta, puedes ir en vaqueros y camiseta también, si consigues el puesto. Pero no debes vestirte así para la entrevista. Recuerda que el empleador te está juzgando no sólo por lo que dice el currículo, sino también por cuánto esfuerzo le pones a la entrevista. Hay cosas que no son aceptables en una entrevista laboral:

- Un aspecto sucio, descuidado ("Es descuidado con su aspecto, también lo serán sus hábitos laborales".)

- Ropa sucia o arrugada ("No le interesa su aspecto, probablemente tampoco le interese mucho este empleo".)

- Camisetas y sandalias ("Demasiado informal para una primera entrevista".)

- Calzado deportivo ("Es una oficina, no un gimnasio".)

- Peinados o tinturas muy exóticos ("Quizá tenga problemas para adaptarse".)

Si bien los tatuajes y las perforaciones corporales son muy comunes en la actualidad, para la entrevista, te recomendamos mantenerlos cubiertos. Las perforaciones visibles deberían camuflarse o retirarse por completo. Debes lograr que el empleador se concentre en ti sin ser distraído, por ejemplo, por un tatuaje de una serpiente subiendo por tu brazo. A mucha gente no le agradan los estilos y tendencias que son comunes entre tus amigos, y como son ellos los que deciden la contratación, no tienes más opción que adaptarte a sus preferencias si no deseas que te descarten.

LA ENTREVISTA

Planifica para llegar por lo menos 5 minutos antes del horario de la entrevista. No llegues demasiado temprano y nunca tarde. Tómate unos minutos para calmarte y prepararte mentalmente, y si llegas tarde debido al tránsito o porque no encuentras el edificio, llama para avisar que tuviste un problema y que estás en camino.

Cada empleador tiene su forma de averiguar si eres la persona indicada para el empleo. Algunos se concentran casi exclusivamente en las experiencias mencionadas en el currículo, mientras que otros tratan de llevar la conversación a otros temas que no están en el papel. Independientemente del estilo que utilice el empleador, debes estar preparado para cualquier pregunta. A continuación te damos algunas reglas que te ayudarán durante la entrevista.

Regla N.° 1: Investiga sobre la empresa antes de entrar.

Ya lo hemos mencionado anteriormente, y lo volveremos a hacer. Cuando llegas a la entrevista, deberías estar preparado para hablar sobre lo que tú puedes aportar a la empresa y cómo puedes cubrir los requisitos del puesto. Para hacerlo, debes investigar sobre la empresa antes de la entrevista.

Aproximadamente el 90% de las personas que van a una entrevista no dedican ni cinco minutos a aprender algo sobre la empresa en la que desean trabajar. No saben nada sobre los productos que tendrán a su cargo, la cultura corporativa en la cual trabajarán o la estabilidad financiera de la empresa. No saben si es una empresa buena o mala para trabajar, ni si los usuarios hacen comentarios buenos o malos sobre los productos que vende la empresa. Simplemente van a la entrevista preparados para responder las preguntas que le hagan.

Lo sorprendente es que mucha gente va a estas entrevistas sin siquiera saber a qué se dedica la empresa, y le pregunta al empleador: "¿A qué se dedica su empresa?". Sin dudas, esta gente quedará descartada al instante.

Si no investigas sobre la empresa antes de ir a la entrevista, perdiste una oportunidad muy importante de utilizar la información sobre la empresa y lo bien que te adaptarías a ella durante la entrevista. Si por lo menos investigas el sitio web de la empresa antes de ir a la entrevista, el empleador notará que te interesa el puesto y la empresa. Esto demuestra tu nivel de madurez. Si te tomas el tiempo para investigar a un posible empleador, es probable que también seas así de eficiente en tu puesto.

Al investigar la empresa, te estás colocando varios pasos más adelante que el resto de los candidatos.

La mejor forma de aprender sobre la empresa es entrar en Internet y hacer una búsqueda en google.com o yahoo.com utilizando la empresa o los nombres de los productos como palabras clave. No te detengas únicamente en el sitio web de la empresa; a menudo, aparecen artículos sobre la empresa en revistas y periódicos, revisiones de profesionales sobre los productos de la industria o en sitios web de los consumidores, y comentarios sobre la empresa y sus productos por parte de usuarios. Si no tienes una computadora en casa, puedes utilizar las que están en la escuela o biblioteca de tu zona. Incluso puedes entrar a Internet utilizando el explorador de tu teléfono celular.

Si tienes la posibilidad de "experimentar" la empresa o sus productos, hazlo también. Si, por ejemplo, la entrevista es para un puesto de ventas en una tienda departamental, ve a la tienda y "compra" en los distintos departamentos de la tienda para observa el tipo de servicio que recibes. O, por ejemplo, si la entrevista es para un puesto en una empresa de restaurante, ve a varias de las sucursales y "prueba" la comida. Los empleadores se impresionan cuando ven que a un candidato le interesa tanto el puesto que se tomó el tiempo de "probar" la empresa, aunque tengas algunas pequeñas "sugerencias" para hacerles.

Regla N.° 2:   Toma el control de la entrevista (con sutileza, claro)

Jamás lo olvides que, en general, al empleador (en especial durante la primera entrevista) no le interesa si la empresa te contrata a ti o a otro candidato. La empresa necesita alguien que cubra el puesto vacante y tú eres sólo uno de los postulantes. Por lo tanto, debes asegurarte de transmitir toda la información esencial sobre tus aptitudes que consideres adecuada para el puesto.

Entonces, ¿cómo tomas el control de la entrevista?

Comienza en el momento que caminas por el pasillo hasta llegar a la oficina del empleador o los primeros segundos en la recepción cuando conoces al empleador. Muchos desperdician una excelente oportunidad en estos momentos.

Para romper el hielo, la gente suele hablar sobre lo atractivo que es el edificio, o sobre el pescado embalsamado que cuelga de la pared, o se queja del tránsito o habla del clima. No se gana nada con esa charla. De hecho, el candidato está perdiendo puntos con esta charla superficial. El empleador tiene una agenda muy ocupada y está pensando quién es el candidato ideal para ocupar el puesto, y está perdiendo tiempo escuchando a alguien hablar del pescado en la pared (algo de lo que ya habló docena de veces), la congestión del tránsito y las condiciones climáticas. Luego, después de una de estas charlas sin sentido suelen venir uno o dos segundos de silencio mortal, donde el empleador piensa qué preguntar primero, y el candidato se queda sentado en silencio esperando para responder la pregunta.

En esos primeros segundos puedes anotarte puntos y llevar la conversación hacia donde quieras que vaya revelando algo que hayas aprendido sobre la empresa y sus productos durante la investigación. Por ejemplo, puedes decir: "Leí la página web de la empresa, no sabía que estaban en 32 países". El hecho de que tengan sucursales en todo el mundo probablemente sea irrelevante en el debate sobre el puesto, pero acabas de dejar en claro que entraste al sitio web y que sabes algo de la empresa, y todo sucedió en los primeros 30 segundos de tu encuentro con el empleador.

Una vez que termine el primer intercambio de palabras, debes asegurarte de que lo que digas sobre ti sea relevante, lo cual obviamente significa que debes averiguar más datos antes de comenzar. ¿Cómo se hace?

Preguntando y escuchando más que hablando.

La mayoría de las entrevistas comienzan con el empleador diciendo algo así: "Cuéntame sobre tus antecedentes" o "Cuéntame algo sobre ti". En estos primeros minutos es cuando la mayoría pierde el empleo, porque comienzan a hablar. Entonces, mientras describen que les gusta trabajar para una empresa que "ofrece beneficios para viajar", el empleador los tacha de la lista porque no es algo que la empresa ofrezca.

Lo mejor es averiguar qué busca la empresa antes de comprometerse. Debes pedirle al empleador que describa la situación de la empresa y el perfil del "candidato ideal" antes de comenzar a hablar sobre sus aptitudes y experiencias. Por lo general, esto significa simplemente hacer preguntas sobre la empresa y el puesto de trabajo antes de que te hagan preguntas sobre ti. O, si hacen la pregunta antes que tú, invierte la pregunta y diles algo así: "Por qué no me cuenta sobre el puesto primero, así puedo apuntar a las necesidades específicas de la empresa". En la mayoría de los casos el empleador acatará el pedido.

Pero mucho cuidado con esto; algunos empleadores pueden considerarlo un tanto polémico. Algunas personas son inflexibles y no están dispuestas a modificar el orden de la reunión, de ser así, deberás conformarte con la información que obtuviste con la investigación. No obstante, no creas que todo está perdido y que estás condenado a responder las

que te hagan durante el resto de la entrevista. Espera a que llegue la próxima oportunidad para tomar el control y aprovéchala.

Regla N.° 3: Prepara algunas preguntas
(aunque sepas las respuestas)

No importa cuántas preguntas hayas formulado al principio para asegurarte de que tus comentarios se orientaran a las necesidades específicas de la empresa, tarde o temprano el empleador tomará el control de la conversación, y explicará en detalle las responsabilidades del puesto. No hay nada más frustrante para un empleador que llegar a la instancia final de la entrevista donde pregunta: "¿Tienes alguna pregunta?", y que la respuesta del entrevistado sea "No".

Después de un monólogo de diez minutos sobre las responsabilidades del puesto, el empleador supone que cualquiera interesado desearía aclarar ciertos aspectos del puesto, y si no lo haces es porque:

1. Hay falta de interés;

2. El entrevistado no entendió en su totalidad todo lo que se dijo; o,

3. El entrevistado no estaba prestando atención a la conversación.

Prepara algunas preguntas, aunque sepas la respuesta. Y, si te entrevistas con distintas personas, no dudes en hacerles las mismas preguntas a cada uno de ellos. Así, además de que todos se llevarán la misma buena impresión de ti, podrás comparar si todas las respuestas fueron iguales.

Las preguntas deberían ser sobre la empresa y el empleo, y NO sobre las vacaciones, días por enfermo, feriados, etc. Si lo único que te interesa del puesto es cómo te pagarán cuando NO estás trabajando, lo más probable es que NO consigas el empleo.

A continuación incluimos algunas preguntas que puedes formular:

1. ¿Qué conocimientos requiere este empleo?

2. ¿Cuáles son las funciones y responsabilidades del empleo?

3. ¿Qué es lo más difícil de este empleo?

4. ¿Qué debe tener un candidato para ser el elegido?

5. ¿Por qué han dejado este puesto en el pasado?

6. ¿Qué posibilidades hay de progresar en esta organización?

7. ¿Necesita saber algo más de mí para considerarme para el empleo?

La investigación que realizaste antes de la entrevista te revelará muchos temas de discusión, y no olvides preguntar sobre lo que leíste en el sitio web de la empresa o en Internet, demuestra que investigaste y que te interesa la empresa.

No seas grosero, pero tampoco temas hacer preguntas que podrían afectar tu empleo. Por ejemplo, si oíste que la empresa tiene problemas financieros, no dudes en preguntar sobre ello. Después de todo, de nada sirve aceptar un empleo y perderlo a los pocos meses porque la empresa cerró.

Regla N.° 4: Destaca sólo los aspectos importantes sobre ti (y no menciones aptitudes insignificantes o inadecuadas)

Con la investigación realizada y las respuestas que obtengas a tus preguntas deberías poder evaluar el tipo de persona que quieren para el puesto. Ahora debes demostrar que eres esa persona. Como ocurre en cualquier venta, debes explicar cómo las características del producto (tú, en este caso) cubren las necesidades de la empresa.

Por lo general, la necesidad que tiene la empresa puede resumirse en una única idea, por ello, antes de comenzar a explicar tus cualidades, deberías intentar resumir la situación. Por ejemplo, podrías decir:

"Si no entiendo mal, lo que realmente necesitan es a alguien que pueda organizar el departamento de envíos".

O:

"Por lo que acaba de decir, entiendo que desea contratar a un vendedor que represente de modo profesional y adecuado a su empresa y a sus productos".

Si bien ningún empleo es unidimensional, por lo general existen una o dos responsabilidades principales que deben atenderse, acompañadas de algunas tareas secundarias. Por ejemplo, una imprenta que quiere contratar a un vendedor para ayudarlos a penetrar en grandes corporaciones, quizá también necesite que esta persona supervise al diseñador gráfico que trabaja en la empresa. Si bien supervisar a un empleado es importante para la empresa, sin duda la gran preocupación del empleador es la capacidad del candidato de traer nuevos negocios a la empresa.

Por lo tanto, un candidato que se postula para este puesto debe concentrarse en destacar sus aptitudes en el área de ventas, y en menor medida, mencionar su capacidad para manejar personal.

Al describir tus cualidades, hazlo sólo en relación con las situaciones y responsabilidades consideradas importantes. Para obtener el empleo, debes ser la respuesta a sus plegarias. Sé esa respuesta. Encárgate de que se enteren de que tienes las aptitudes que buscan.

¿Cómo demuestras que tienes estas aptitudes?

La mayoría de la gente no hace un verdadero esfuerzo por demostrar sus aptitudes. Simplemente le dicen al empleador que pueden hacer la tarea y lo dejan así. Si estás preparado para demostrar que tienes las aptitudes necesarias, estarás un paso por delante de la mayoría de los postulantes. Existen tres métodos para demostrar las aptitudes:

1. Anécdotas

2. Testimonios y referencias

3. Dossier

Anécdotas

Las pruebas anecdóticas son sumamente importantes. En prácticamente todas las entrevistas, el entrevistado dará ejemplos de cómo logró determinada tarea. No obstante, la mayoría recrea el hecho que desea describir en el momento, lo cual a menudo lleva a explicaciones confusas, detalles excesivos o cuestiones mínimas que son inadecuadas.

Para que las anécdotas sean efectivas, deberías analizar las cualidades que el empleador busca y luego reflexionar sobre tus experiencias para determinar qué situaciones respaldan mejor las cualidades que deseas demostrar. Prepara este discurso con anticipación y ensáyalo (pero no exageres con el ensayo), así lograrás un mayor impacto. A continuación incluimos algunas pautas para preparar las anécdotas:

1. Cada una debe tener un punto único y claro. La historia debería probar que tienes una habilidad específica, lo cual significa que deberías tener varias anécdotas preparadas, y contar sólo las que son adecuadas para la situación.

2. No confundas la anécdota con situaciones complejas y muchos nombres de personajes. Algunos cuentan historias en las que participan cinco o seis personas, que abarcan varios años e incluyen varias empresas. El que oye no entiende a dónde quieres llegar y termina con la idea de que el entrevistado es incapaz de contar algo en forma simple y sencilla.

3. Una buena anécdota es corta y va directamente al grano. Deberás intentar explicar la situación en una frase de una línea, por ejemplo: "Vendía el producto número cinco, de un campo de cinco productos". Eso lo dice todo. No hay necesidad de explicar la complejidad de los productos ni las características particulares del campo, porque para cuando lo hayas hecho, el oyente ya se habrá perdido y tú no habrás logrado transmitir la idea que te llevó a contar la anécdota.

4. Para asegurarte de que el oyente entiende la idea que quieres transmitir, no dudes en explicar cuál es. Por ejemplo, puedes decir: "Usted comentó anteriormente que necesita a alguien organizado. Le daré un ejemplo de eso". Y, si fuera necesario, termina la historia recordándole al oyente la habilidad que acabas de explicar: "Así es como organizaba el departamento de envíos en mi empleo anterior".

5. Tus anécdotas deben ser adecuadas y ajustarse a la conversación. No intentes forzar las anécdotas en la reunión. Si son relevantes, ya habrá tiempo para exponerlas. De lo contrario, guárdalas para otro día.

6. Sé flexible. Es posible que tengas que crear una anécdota en el momento porque la que tenías preparada no se relaciona con una situación en particular. Pero eso no importa, porque ya adquiriste la habilidad para contar anécdotas, ahora podrás crear buenas anécdotas con mucha facilidad.

Testimonios y referencias

Las cartas de referencia, las notas de felicitaciones de clientes, los elogios de la dirección de la empresa, los nombres de referencias, etc., son todas cosas que hablan de tus aptitudes, y por lo tanto, debes tenerlas a mano para presentarlas si la situación lo amerita. Dado que cuando uno busca un empleo generalmente se piden referencias, es conveniente comunicarse con ex empleadores y clientes, si correspondiera, y preguntarles si pueden dar referencias sobre uno. Las mejores referencias deben tener estas características:

1. Ser relativamente actuales: Hoy tus aptitudes están mucho más desarrolladas que hace uno o dos años atrás, lo cual significa que a un posible empleador le gustaría saber cómo te desempeñas hoy. Cuando uno utiliza un empleador de hace cinco o diez años

como referencia, el entrevistador se pregunta dónde y cómo se ha desempeñado el entrevistado recientemente.

2. Hablar de puntos fuertes específicos: La mayoría de las referencias se van en elogios, lo cual es bueno pero no dice nada de ti. Cuando le pides a alguien que sea una referencia, solicítale que sea específico sobre tus puntos fuertes y tus logros.

3. Ser suficientes en cantidad: Uno debe dudar de la carrera profesional de alguien que sólo puede presentar una referencia laboral. Después de un par de años, un buen empleado debería poder presentar varias referencias que hablen de sus aptitudes.

4. Provenir de distintas personas en cargos con poder de decisión: A los posibles empleadores les interesan los comentarios de aquellos que saben cómo trabajas: supervisores, clientes y empleadores. Son muy pocos los casos en los que les interesan las opiniones de los compañeros de trabajo, amigos o subordinados. Pon como referencia únicamente a las personas que importan.

Debes prepararte para suministrar una lista de tres o cuatro referencias que puedas dejar, pero no deberías dejar las mismas referencias para todos los empleos. Utiliza distintas referencias para los distintos puestos a los que aspiras. Además, al darle al empleador las referencias adecuadas se evita la "fatiga de referencias": esto ocurre cuando dos o tres personas reciben varias llamadas para que den referencias de alguien que se postuló para distintos puestos.

Dossier

Esto no corresponde en todos los casos, pero si se aplica al tuyo, puede ser muy útil. La mayoría de la gente llega a una entrevista con una actitud del estilo "Confíe en mí, puedo hacer el trabajo con una mano atada en la espalda". Creen que el hecho de poder responder las preguntas con habilidad y su personalidad ganadora son suficientes.

Muy pocos llevan pruebas visuales de sus aptitudes: cuadros, muestras de habilidades para escribir, folletos de productos vendidos, etc. Esto, además de corroborar sus aptitudes, sirve para destacarse de los demás postulantes.

Un dossier podría incluir:

1. Pruebas de tus éxitos: Quienes trabajan en el área de ventas pueden mostrar los productos vendidos; los clientes a quienes les vendieron; los territorios en los que trabajaron; y mucho más. Los mecánicos pueden mostrar el tipo de maquinaria con la que trabajaron, y los que trabajan en la industria de imprenta pueden incluir muestras del trabajo producido.

2. Gráficos: Si mejoraste el rendimiento de un trabajo, crea gráficos de "antes y después". Si le ahorraste dinero a la empresa, presenta esa información en gráficos.

3. Listas: No dudes en crear listas detalladas de tus logros, por ejemplo, "Reduje el consumo de combustible en 3% mediante una mejor organización de las rutas de la empresa", o "Le ahorré $XX,000 a la empresa eliminando la necesidad de comprar un vehículo adicional".

4. Reconocimientos, distinciones, etc.: Las empresas a menudo otorgan distinciones y certificados al "Mejor empleado del mes" o al "Empleado del año". No es momento para ser humilde, cuéntaselo a tu posible empleador.

En realidad, es posible que no debas sacar todo el material que llevaste a la entrevista. Durante la reunión seguramente se presentará la oportunidad de que muestres algunas de las pruebas. Lo importante es que tienes el material, en copia impresa, no sólo palabras en el aire. Es posible, claro, que debas guiar la conversación para que venga al caso presentar alguna información importante o impactante, pero está bien. Debes asegurarte de anotar todos los puntos posibles.

Regla N.° 5: Te harán preguntas, prepárate para responder

Además de hablar sobre tus experiencias y sobre el puesto vacante, el empleador te hará algunas de las "preguntas típicas de entrevistas" cuyo objetivo es ayudarles a conocer el "verdadero" tú. Por ejemplo, es posible que te hagan preguntas sobre "cuestiones" obvias en tu currículo, tales como brechas sin empleo que no están justificadas. A continuación, incluimos algunas de las preguntas más comunes y pautas para responderlas.

Pregunta 1: Háblame sobre ti.

Como mencionamos anteriormente, lo ideal es lograr que el empleador describa el puesto primero así podrás orientar tu descripción a las necesidades y cultura de la empresa. Independientemente de que logres que ellos describan la empresa y el empleo primero, debes tener en cuenta que con este tipo de pregunta, el empleador busca conocer las experiencias que has tenido que te ayudaron a desarrollar las habilidades que necesitarás para el empleo. Por ejemplo, si fuiste capitán de un equipo en la escuela, podrías relacionarlo con la dirección y organización. O, si tuviste que repartirte entre un trabajo a tiempo parcial, la escuela y los deberes, podrías hablar de tu habilidad para administrar el tiempo.

Las cualidades como el trabajo en equipo, la administración del tiempo, la diplomacia, el compromiso, entre otras características, son las cosas que los empleadores valoran y buscan cuando entrevistan a los candidatos. Cuando te piden que les "hables sobre ti", lo que buscan es enterarse de estas cosas. No pierdas esta oportunidad de anotarte un punto importante contándoles hechos sin sentido sobre tu vida.

Te reiteramos que es importante que entiendas las cualidades que buscan en un candidato para poder abordarlas correctamente.

Pregunta 2: ¿Cuáles son tus puntos fuertes y puntos débiles?

A los empleadores les encanta esta pregunta.

Respecto de los puntos fuertes, aquí debes tener cuidado. No es una invitación abierta para que hables y hables sobre ti y enumeres todos tus "puntos fuertes". En el mejor de los casos, quedas como un fanfarrón, pero lo peor es que podrías dar la imagen de farsante y deshonesto.

Debes pensar en el empleo para el cual te postulas y concentrarte en los dos o tres puntos fuertes que más valor tendrán para el empleador. Si investigaste, lo más probable es que ya hayas mencionado los puntos fuertes más importantes en la carta de presentación o en la primera parte de la entrevista, pero está bien repetirlos durante la entrevista. Preséntate a la entrevista preparado para contar algunas anécdotas que demuestren tus puntos fuertes, y de ser posible, cómo se relacionan con el empleo al cual aspiras. A continuación mencionamos algunos puntos fuertes universales que interesan a la mayoría de los empleadores:

Buenas habilidades de comunicación

Actitud positiva

Flexibilidad

Determinación

Diligencia

Confianza en uno mismo

Trabajo en equipo

Organización

Tener ganas de aprender y aprender rápido

Alto nivel de energía

Sentido del compromiso

Aptitud para la gestión

Respecto a los puntos débiles, el modo en que manejas las charlas sobre este tema a menudo dice más sobre ti que los puntos fuertes. No sólo ayuda al empleador a decidir si eres la persona indicada para el puesto, sino que también le permite apreciar si eres conciente de tus limitaciones o no.

El mejor enfoque es detenerse en uno o dos puntos relativamente débiles que no te impidan conseguir el empleo. Aquí te damos tres formas distintas de hablar sobre tus puntos débiles sin que te perjudiquen:

1. Cuando admites un punto débil, debes dejar en claro que eres conciente de ello y que intentas corregirlo. Por ejemplo, "Tengo una tendencia a amontonar papeles en el escritorio, entonces ahora le dedico la última media hora de mi día a archivar papeles y organizar mi escritorio".

2. Lo negativo puede ser positivo disfrazado. Inviértelo y aprovéchalo. Por ejemplo, como quieres que toda la correspondencia saliente sea perfecta, tiendes a perder más tiempo del que deberías revisando las cartas y los correos electrónicos. Lograste admitir un punto débil y al mismo tiempo describirte como alguien comprometido con que el trabajo se haga bien.

3. Minimizar los puntos débiles. Que quede como algo irrelevante y sin importancia. Por ejemplo, prefieres archivar tú mismo las cosas, aunque sea un uso poco productivo de tu tiempo, para poder encontrar los materiales cuando los necesitas. Luego agrega algo así como: "...pero generalmente lo hago después del horario laboral".

Como todo lo demás en la entrevista, la clave para hablar de los puntos débiles es saber con anticipación lo que planeas decir, y ser honesto, optimista, positivo y directo. Si estás bien preparado, todo saldrá muy bien.

Pregunta 3: ¿Por qué te interesa trabajar con nosotros?

Es una gran oportunidad para demostrar que has investigado, que has pensado mucho en el puesto y que llegaste a la conclusión de que tú y la empresa congenian. Si no investigaste a la empresa y a sus productos, y no lograste sacar información durante la parte introductoria de la entrevista, probablemente no llegues a comprender por qué ésta es una gran oportunidad para ti.

¿Por qué te postulaste para el empleo? ¿Qué aspectos del empleo y de la empresa te atrajeron? ¿Por qué crees que eres el candidato ideal para el puesto?

Cuando estabas en la escuela y buscabas un trabajo de media jornada, por ejemplo en un restaurante, se entendía que sólo querías dinero, y que servir comida no era tu vocación. No obstante, el puesto para el cual te estás postulando ahora debe ser un paso hacia delante en tu carrera profesional y deberías tener otro motivo que no sea el dinero para querer este empleo. Si lo único que te motiva es el dinero, el empleador entenderá que te irás en cuanto venga otro y te ofrezca más.

Si este campo es nuevo para ti, no temas decir por qué crees que este empleo y tus aptitudes congenian. Si ya estás en este campo, pero este empleo es mejor, tampoco temas decirlo.

Pero, una vez más, recuerda que es esencial responder la pregunta según la información que obtuviste en la investigación y en las primeras etapas de la entrevista.

Pregunta 4: ¿Por qué quieres dejar tu empleo actual?

Suponiendo que tienes un empleo, el empleador querrá saber por qué deseas dejarlo. Es una pregunta justa. El motivo por el cual deseas dejar tu empleo actual es una fuerte señal de por qué dejarías éste. Antes de responder, piensa en cómo el empleador interpretará tus palabras. Por ejemplo, si dices que es muy difícil trabajar con tu supervisor actual, podría indicar que tienes un problema con la dirección de la empresa. Si dices que te vas porque te ofrecen más dinero, el empleador interpretará que también te irás de esta empresa si alguien te ofrece algo mejor.

Anótalo: nunca, jamás utilices esta pregunta para criticar a tu empleador actual. A nadie le gusta la gente que siempre se queja, y darán por hecho que si te quejas de la empresa donde trabajas ahora, también te quejarás de la nueva.

El mejor motivo por el cual se puede cambiar una empresa por otra es que la nueva empresa te permite emplear tus aptitudes y crecer en tu profesión más que en el puesto actual. Por ejemplo, podrías decir que tu empleo es una empresa familiar, y que salvo que seas un integrante de la familia, jamás llegarás a un cargo directivo. O podrías decir que trabajaste en la empresa mientras estudiabas sólo para ganar algo de dinero, pero que ahora quieres crecer profesionalmente en una buena empresa.

La mayoría de las empresas, especialmente las pequeñas, no tienen programas de capacitación, por lo tanto, no es una muy buena idea decir que quieres unirte a esta empresa para adquirir una habilidad en particular. Las empresas te contratan para resolver un problema, y por lo general, no les interesa pagarte un sueldo para capacitarte.

Pregunta 5: ¿Por qué aparecen estos períodos sin trabajo en el currículo?

Si hay brechas sin trabajo en el currículo que no tienen explicación (porque estabas estudiando o te quedaste en casa) prepárate para responder a la pregunta: "¿Qué ocurrió?", porque con seguridad alguien la hará.

No seas negativo; no entres en detalles; no estés a la defensiva; y explícalo con sencillez. Intenta convertir algo negativo en algo positivo.

Si algo no funcionó, dilo y explica en forma concisa por qué no funcionó para ti y qué esperas que sea distinto en esta empresa. Por ejemplo, podrías decir: "Aunque la gerencia elogió mi trabajo en reiteradas oportunidades, era muy difícil trabajar en ese ambiente, porque los supervisores estaban siempre detrás de uno y mirándonos por encima del hombro".

Si te despidieron, te despidieron. Es así de simple. No obstante, no debes dejar nada librado al azar que podría alimentar la imaginación del empleador. Por ejemplo, quizá puedas decir algo como: "la empresa tuvo que reducir personal por problemas financieros", o: "hubo un recambio de la dirección y despidieron a todos los que estaban con la dirección anterior", o: "la empresa se fusionó con otra empresa y se duplicaron muchos puestos entre el personal de ambas empresas".

Los empleadores suelen oír muchas excusas para justificar las brechas que aparecen en el currículo, y saben cuáles son reales y cuáles no, así que no pierdas tiempo armando una historia que no se ajusta a la realidad. Por ejemplo, una madre soltera con dos niños dijo que dejó su empleo anterior porque sería injusto para ellos que buscara un nuevo empleo mientras seguía trabajando. No sé si lo que buscaba era que la gente valorara su gran sentido ético, pero la realidad es que terminaron poniendo en duda su honestidad. Son pocos los trabajadores, y menos aún una madre soltera con dos niños, que pueden darse el lujo de dejar un empleo mientras buscan otro, por eso los entrevistadores dedujeron que la habían despedido.

Pregunta 6: ¿Por qué deberíamos darte este empleo?

Suele ser la última pregunta de la entrevista. Es aquí donde debes resumir tus cualidades y relacionarlas con las necesidades de la empresa.

Es importante remarcar lo que ya dijimos, la entrevista no se trata de ti, se trata de cómo tú puedes cubrir las necesidades de la empresa. Tu atención a los detalles hace que se cometan menos errores y le ahorra tiempo y dinero a la empresa. Tu capacidad de organización significa que puedes enviar productos de modo más eficiente, lo cual implica más satisfacción del cliente y mayor ahorro por reducción de existencias. Tu capacidad de venta significa que puedes generar más ingresos para la empresa. Tu capacidad de gestión significa que puedes motivar a los demás para que trabajen mejor. Tu gran sentido de la responsabilidad significa que se perderán menos productos en el proceso de fabricación.

Aquí es donde se cierra el trato. Resume tus puntos fuertes, los beneficios para la empresa y luego deja claro tu interés en el puesto.

Otras preguntas típicas que deberías estar preparado para responder antes de ir a la entrevista son:

- ¿Cuáles son tus objetivos profesionales a largo plazo?

- ¿Qué materias fueron las que más te gustaron/menos te gustaron en la escuela?

- ¿Cuáles son los factores que más te importan en un empleo?

- ¿Prefieres trabajar solo o en equipo?

- ¿Por qué elegiste este campo de trabajo?

- ¿Cómo manejas la presión?

- ¿Qué es lo que más te gustó de tus empleos anteriores? ¿Y lo que menos te gustó?

- ¿Qué tipo de relación tuviste con tus ex-supervisores?

- ¿Cuál crees que fue tu mayor logro en tu último empleo?

- En una palabra, ¿cómo te describirías?

Una nota sobre preguntas ilegales

Existen ciertas preguntas, por lo general personales, que los posibles empleadores no pueden hacer por ley. La mayoría de los entrevistadores saben cuáles son las preguntas que no pueden hacer, pero los inexpertos a veces no saben que están entrando en un terreno ilegal. Algunos de los temas sobre los cuales no se puede preguntar son:

- Nacionalidad / Lugar de nacimiento / Lengua materna

- Ciudadanía

- Raza/Color

- Religión

- Edad

- Sexo/Orientación sexual

- Estado civil/de familia

- Aptitudes físicas

Si te preguntan algo que puede estar comprendido en una de las áreas indicadas anteriormente, puedes negarte a responder con respeto ("Preferiría no responder esa pregunta"), sé breve, respetuoso y pasa rápidamente a otro tema.

Regla N.°6: Cierre

Te recomendamos estar preparado para terminar con una "frase final" que resuma tus calificaciones para el puesto y manifieste tu interés en el puesto. Debe incluir la siguiente información:

1. Resumen: "De nuestra charla se desprende que necesitan a alguien que pueda comenzar de inmediato en el turno de día y que llegue a

gerente de turno en seis meses. Creo que la experiencia en el manejo de personal que adquirí en mi empleo actual me ha preparado para ascender rápidamente al cargo de gerente".

2. Interés sincero: "Ha sido un placer reunirme con usted para hablar sobre este empleo. Estoy muy interesado en el puesto".

3. Que no queden dudas: "¿Cómo me ve para ese puesto?", o: "¿Tiene alguna duda sobre mi capacidad para manejar el puesto?".

4. Una pregunta sobre los próximos pasos: "¿La empresa terminó el proceso de entrevista?", o: "¿Habrá una entrevista de seguimiento?", o: "¿Cuándo tendré noticias suyas?".

5. Agradecimiento: "Gracias por haberse tomado el tiempo para darme esta entrevista".

Es muy interesante notar que poca gente pregunta sobre el estado de la búsqueda o sobre los próximos pasos, ni hablar de solicitar el empleo. De hecho, la mayoría de las entrevistas finaliza con un silencio incómodo, después del cual el empleador dice: "Nos comunicaremos con usted". Al hacer preguntas específicas sobre el estado de la búsqueda, despejarás cualquier posible duda sobre tu interés en el puesto, y te distingues del resto de los candidatos.

Regla N.°7: El seguimiento es esencial

Podrás perder absolutamente todos los puntos que fuiste ganando a lo largo del proceso por no escribir una simple carta o correo electrónico de seguimiento o por no hacer una llamada telefónica donde quede claro tu interés en el puesto. En primer lugar, para las empresas el nivel de seguimiento indica el grado de interés en el empleo. Si no hay carta, correo electrónico o llamada de seguimiento, se podría interpretar que no te interesa el empleo. Por otro lado, podrían pensar que si no haces un seguimiento de la entrevista, tampoco lo harás de los proyectos importantes en el trabajo, y por lo tanto, no eres el tipo de persona que quieren para el puesto.

Muchos postulantes que claramente son los candidatos ideales para la empresa terminan descartados por no enviar una simple nota de seguimiento.

Envía una nota o correo electrónico de seguimiento inmediatamente después de la entrevista. Suele causar una buena impresión recibir noticias del postulante el mismo día de la entrevista o al otro día. Durante la primera semana después de la entrevista, haz una llamada telefónica y expresa tu interés, y luego, llama en forma periódica al empleador hasta que te digan que cubrieron el puesto o que decidieron que no eres la persona indicada para el puesto.

El principal objetivo de la correspondencia o conversación de seguimiento es reconfirmar tu interés en el puesto, pero también deberías aprovechar la oportunidad para recordarle al empleador algunos de tus puntos fuertes y los motivos por los cuales eres el candidato ideal para el puesto.

Si el proceso se está dilatando, puedes solicitar otra reunión para volver a despertarles curiosidad. Y no dudes en preguntarles si aún estás dentro de los postulantes con posibilidad de obtener el empleo. Hay puestos que tardan mucho tiempo en cubrirse y la mayoría desiste por frustración. Si resistes, te mostrarás como alguien paciente y perseverante.

A todos, incluso a las empresas, les gusta sentir que despiertan interés. Demuéstrales que quieres el trabajo y que reúnes las cualidades para hacerlo.

Cómo manejar el rechazo

Es difícil desear mucho un empleo y no obtenerlo. Existen muchos motivos por los cuales la gente no consigue un empleo: uno de los entrevistados tiene más experiencia; tus aptitudes no eran exactamente lo que la empresa buscaba; las necesidades de la empresa cambiaron, etc.

Debes asegurarte de que el motivo por el cual no obtuviste el empleo no haya sido algo que hiciste mal. Por lo tanto, no dudes en pedir que te comuniquen los resultados. No importa en qué etapa de tu carrera profesional te encuentras, siempre es importante aprender algo sobre cómo te desempeñaste en la entrevista. La mayoría de los empleadores no tendrá inconveniente en compartir la información contigo, te recomendamos lo siguiente:

1. Llamar o enviar un correo electrónico a la persona con la cual estuviste más tiempo y preguntarle el motivo por el cual no te seleccionaron. En general, lo que querrás saber es por qué decidieron contratar a la persona que contrataron y qué consejos pueden darte para futuras entrevistas.

2. Si hay algo en particular que desees saber, prepara una o dos preguntas con anticipación, para poder ir al fondo de la cuestión y no hacerle perder tiempo al empleador.

3. Éste no es el momento para "demostrar que puedes" ni para polemizar. La decisión ya se tomó. Acéptalo. Saca algo bueno de todo esto. Sigue adelante. Se verá como un signo de madurez y tendrán una buena impresión de ti para el futuro.

4. No demuestres enfado o frustración.

5. Pídele al empleador que te vuelva a llamar si surge otra oportunidad en el futuro.

Para concluir esta sección, reiteraremos lo que ya hemos dicho en otras secciones del libro:

- Todo lo que dices o haces es un indicio sobre ti. Los empleadores no sólo escuchan lo que estás diciendo, sino que siempre están "leyendo entre líneas", tratando de conectar lo que dices con características de tu personalidad, motivaciones y otras interpretaciones.

- Una entrevista es una presentación de venta. Debes hacer que el empleador se sienta confiado de que harás un buen trabajo y que te adaptarás bien a la organización.

- Debes estar preparado antes de entrar, y no puedes bajar la guardia en ningún momento del proceso.

Por ello, si bien no puedes adivinar qué interpretará el empleador con cada una de tus respuestas, puedes evitar la mayoría de las trampas con simplemente haber pensado las respuestas con anticipación. Te recomendamos anotar las respuestas para ver cómo suenan o compartirlas con alguien que sea objetivo.

JUEGO DE ROLES

Aunque recién comiences o ya hayas tenido muchas entrevistas, es recomendable ensayar para la próxima entrevista. Esto se denomina juego de roles.

Si bien no podrás anticipar todas las preguntas que te hagan, ni todos los temas que se discutirán durante la entrevista, este libro te ha sugerido muchos de ellos. Entonces sería una buena idea practicar tus respuestas hasta estar conforme con el tipo de respuestas y las explicaciones del caso.

Trabaja con alguien que sea sincero a la hora de hacerte comentarios. Debes crear un ambiente de entrevista realista, en el cual estén sentados a cada lado de un escritorio y hablan cara a cara. Además de pedirle a tu compañero de juego de roles que te haga preguntas de este libro, solicítale que te formule una o dos preguntas improvisadas, para que te acostumbres a manejar preguntas inesperadas. A veces, no sabrás qué responder, y en este caso está bien decir: "No lo sé". Si fuera una respuesta que deberías conocer pero que se te olvidó, puedes decir: "Me comunicaré con usted por vía telefónica/correo electrónico y le suministraré la información".

Pídele a tu compañero de juego de roles que observe tu lenguaje corporal: la postura, el tono o el nivel de tu voz y el contacto visual durante el "ensayo" de tu entrevista.

Al finalizar el ejercicio de juegos de roles, pregúntale a tu compañero cómo estuviste. Y pregúntate a ti mismo cómo te sientes. ¿Crees que te manejaste bien o deberías seguir practicando?

Las entrevistas nunca son fáciles, pero cuanta más confianza te tengas, mejor será la impresión que causes. Lo que te enseñó tu maestra es verdad: cuánto más practicas, mejor te sale.

6.
LISTA DE COMPROBACIÓN

Cosas que todos saben, pero muchos olvidan.

- Lleva como mínimo un currículo adicional a la entrevista. Si bien puede ser que el entrevistador lo necesite realmente, en muchos casos es una prueba para ver si fuiste preparado a la entrevista.

- Trata a todos con respeto: es posible que les pregunten a todos los que te conocieron cuál fue la impresión que les causaste.

- Llega temprano a la cita y asegúrate de pedir instrucciones de cómo llegar si no conoces el lugar. Si vas en auto, debes preguntar dónde estacionar.

- No fumes ni bebas alcohol antes de la entrevista. Come una pastilla de menta o caramelo para el aliento antes de entrar. Y arroja cualquier goma de mascar o caramelo antes de que comience la entrevista.

- Saluda al empleador con un apretón de manos firme, y ten preparado un comentario para decir en esta etapa que demuestre que investigaste sobre la empresa antes de venir a la entrevista.

- Averigua cómo se pronuncia correctamente el nombre del entrevistador.

- Ten preparado anécdotas/testimonios/dossier. Lleva tu lista de referencias, mecanografiada prolijamente, en la cual se indiquen los cargos, las relaciones y los números de teléfono, pero consérvala en tus manos hasta que te la pida el entrevistador.

- Vístete bien para la entrevista y cubre cualquier tatuaje o perforación corporal.

- Prepara preguntas para hacer, aunque sepas las respuestas.

- No te quejes de tus ex empleadores o supervisores, y no te detengas a explicar en detalle los hechos que ocurrieron en tus empleos anteriores.

- Presta atención a los indicios sobre el empleo y responde a ellos.

- Recuerda hacer un seguimiento de la entrevista, es esencial.

- Solicita el empleo.

- Aprende de tus experiencias y crece con ellas.

Mucha suerte. Esperamos que consigas el empleo que siempre soñaste.

Career Books and CDs

Welcome,

For the almost 50% of the Hispanic population that does not have a high school diploma, the General Education Development (GED) certificate is truly a second chance. Not only do those with high school diplomas and GED certificates earn about $260,000 more over their lifetimes, but they are less likely to suffer chronic unemployment / under-employment, to be welfare recipients, or to be involved in crime. A GED certificate makes it possible for those who weren't thinking about the future when they dropped out of high school to get their lives back on track, enjoy improved standards of living, and even go on to college.

And now that the GED exam is given in Spanish, those with limited English ability can take advantage of one of the most powerful ways to enjoy a better future.

InterLingua Educational Publishing is pleased to introduce its family of bilingual GED prep materials, titled APRUEBE EL GED / PASSING THE GED. The collection includes both full lessons and practice exams, and the content is available in multiple media, including hardcopy, CD-ROMs (pdf format), and internet downloads (pdf format). Lessons formatted for use with an iPod and an interactive version of this material will be available by the end of 2007.

The Spanish language materials described on these pages are the finest lessons available to help Hispanic students prepare for the GED exam. In fact, this program has been awarded "strongly recommended" rating by a prominent library publication (see page 4).

I'm certain you'll agree that APRUEBE EL GED / PASSING THE GED is a very tiny investment that can have enormous returns for the people of your community.

Sincerely,

SpanishGED.org

Educational Attainment of the Population 25 Years and Over*

High School Graduate or More

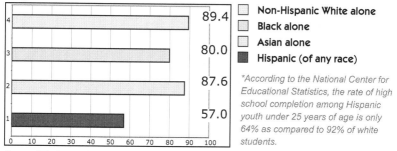

- Non-Hispanic White alone
- Black alone
- Asian alone
- Hispanic (of any race)

*According to the National Center for Educational Statistics, the rate of high school completion among Hispanic youth under 25 years of age is only 64% as compared to 92% of white students.

Source: U.S. Census Bureau, Current Population Survey, Annual Social and Economic Supplement, 2003.

Rate of Employment Among High School Dropouts

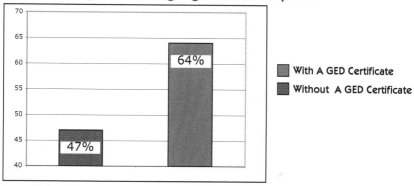

- With A GED Certificate
- Without A GED Certificate

Source: National Center for Education Statistics

Average Annual Income Among High School Dropouts

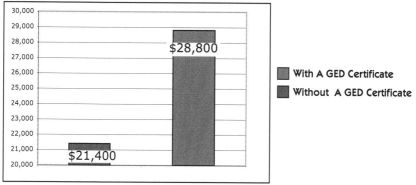

- With A GED Certificate
- Without A GED Certificate

Source: NIFL, 2004

The Midwest Book Review

the best teaching styles. From inspiration for first grade teachers to helping students to access digital media for communication, all the essay subjects continue in that best of teaching styles models. Contributors include Mary Willmingham, Ed.D., Catherine Gardner, Ph.D., H. Anne Hathaway, Ed.D., William O. Lacefield, III, Ed.D., Ismail Sinbwa Gyagenda, Ph.D., Tracy Knight Lackey, Ph.D., and Jerry Worley, Ph.D., among others. Here are essays to inspire the coming generation of teachers and educators, stories of students and experiences so unique and yet so universal that they form a spiritual template for a dedicated teacher. All who choose the teaching profession face many challenges, not the least of these is overcoming the students' own obstacles to learning. *A Joyful Passion For Teaching* is a wonderful tool to re-ignite the flame of dedicated and compassionate teaching.

Master The GED/Domine El GED
InterLingua Publishing
Arco/Thompson Peterson's
423 South Pacific Coast Highway, # 208
Redondo Beach, CA 90277
CD-Rom $29.95 www.SpanishGED.org

Master The GED/Domine El GED is a five CD-Rom set presented in both English and Spanish specifically designed to prepare students for their GED examinations. This simply outstanding boxed set covers Math, Science, Social Studies, Reading and Writing skills. Featuring detailed explanations written especially for students who haven't "opened a textbook" in years; numerous illustrations, charts, and tables; exercises and drills to reinforce learning, a diagnostic pre-test; and full-length practice tests, *Master The GED/Domine El GED* was created by experienced teachers who specialize in their respective subject matters and who have had practical experience working with GED candidates. An additional benefit of this strongly recommended boxed set is that it will also substantially assist students in learning how to take the tests and use such tools as calculators (which they are allowed to bring into the exam room). Ideal for Hispanic students who have dropped out of high school, *Master The GED/Domine El GED* is an invaluable resource for anyone seeking to pass their GED whether they've been out of formal education for weeks, months, or years. Although

each individual CD-Rom can be purchases for $29.95, school libraries, community libraries, and community center education outreach programs are advised to acquire the complete boxed set.

Approaches To Teaching
Early Modern Spanish Drama
Laura R.Bass & Margaret
Modern Language Assoc
025...
08...
08...
An...
Sp...
by...
un...
nuances of late sixteenth and early seventeenth-century dramatic works as performed on stages in Europe, Latin America, and the United States. Part 1, "Materials", covers editions and anthologies in English and Spanish, especially focusing on critical works, historical studies, illustrated books and films, and internet resources. Part 2, "Approaches", guides professors in stimulating discussion with students about how Spanish plays dared to challenge the desires of the monarchial state, the focus on honor as seen by Spanish men and women, the role of costuming in performance, and the plays' repercussions and influence in late-twentieth-century films. Other topics discussed include the accomplishments of five women playwrights, the theological and philosophical underpinnings of the plays, and connect... which the plays influenced French... recommended for col... college library shelves.

Th...
025203080X $45.00 press.uillinous.edu
The Era Of Education: The Presidents And The Schools 1965-2001 by Lawrence J. McAndrews (Professor of History, St. Norbert College) is a close study of educational policy under presidents from Lyndon Johnson through Bill Clinton, especially concentrating on the issues of public school aid, private (particularly Catholic) school aid, and school desegregation, with concern as to the proper role of the federal government in education. Research of

records from presidential and other archives, as well as interviews with key players in governmental policy have allowed McAndrews to meticulously reconstruct the evolution of internal debates, negotiations, decisions, and non-decisions over the decades. The result is an exhaustively detailed history, and absolute "must-...

...ite National Park
... P. Schaffer
Wilderness Press
1200 Fifth Street, Berkeley, CA 94710
www.wildernesspress.com
0899973833 $20.00 1-800-443-7227

First written in 1978, *Yosemite National Park: A Complete Hiker's Guide* is the classic in-depth reference by outdoors enthusiast Jeffrey P. Schaffer, who has personally hiked and rehiked the 1,000+ miles of trail covered. Black-and-white photographs illustrate this reference to the region's geography, history, flora, and fauna, and of course, extensive discussions of the hiking trails with highlights of the best places for views, wildflowers, camping, swimming and other activities. A separate fold-out map rounds out this one-of-a-kind must-have for any traveler interested in personally experiencing the natural wonders of Yosemite National Park.

... NY 10522
... eridanhouse.com
... efully and personally... ...ch waterway system. The result is *Through The French Canals*, a thoroughly user friendly guidebook now in an updated, expanded, and illustrated eleventh edition. This 320-page paperback is highly portable and indispensable for anyone wanting to cruise along stunning French scenery as viewed from its canals, rivers, and other inland waterways. Packed with full color photographs. *Through The French Canals* offers practical advice on suitable and unsuitable boats, equipment, cost of living, waterway signals, weather advice, stop-

> **school libraries, community libraries, and community center education outreach programs are advised to acquire the complete boxed set.**

> **simply outstanding**

> **strongly recommended**

All Five Subjects

(includes lessons and practice tests)

Spanish / English (5-CD set)

**MATHEMATICS
MATEMÁTICAS**

**LANGUAGE ARTS, READING
LENGUAJE, LECTURA**

SCIENCE / CIENCIAS

**LANGUAGE ARTS, WRITING
LENGUAJE, REDACCIÓN**

$79.95

**SOCIAL STUDIES
ESTUDIOS SOCIALES**   ISBN: 1-884730-40-X

As you can see on a later page, the English and Spanish are arranged on facing pages to improve the comprehension of the materials.

The Spanish only version is over 1,200 pages, and the Spanish / English is over 2,400 pages.

To no surprise, language is the main culprit motivating Hispanics to dropout of high school. According to the Pew Hispanic Center's 2003 report, the dropout rate among those with poor English skills is as high as 59%. (By comparison, only 8% of White and 16% of Black students drop out of high school.)

The GED certificate is one of the most powerful ways to improve the lives of those who were struggling in high school and eventually dropped out. Now that the exam can be taken in Spanish, it is an opportunity for many to reclaim their lives.

All Five Subjects

(includes lessons and practice tests)

Spanish only (1-CD)

MATEMÁTICAS

ESTUDIOS SOCIALES

CIENCIAS

LENGUAJE, LECTURA

LENGUAJE, REDACCIÓN

ISBN: 1-884730-48-5

$39.95

Written by teachers who have experience working with GED candidates, and translated by bilingual teachers, the APRUEBE THE GED / PASSING GED series not only helps students with Math, Science, Social Studies, Reading and Writing skills, but it also helps students understand how to take the tests and use the tools, such as calculators, that they're allowed to use in the exam room.

Without a doubt these are most extensive preparation materials available and offer:

* Detailed explanations written specifically for students who have not opened a textbook in years
* Numerous illustrations, charts, and tables
* Exercises and drills to reinforce learning
* A diagnostic pre-test, and,
* Full-length practice tests

Sample Pages

MATHEMATICS / MATEMÁTICAS

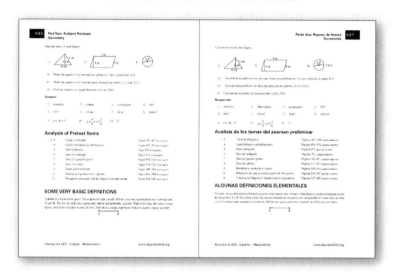

SCIENCE / CIENCIAS

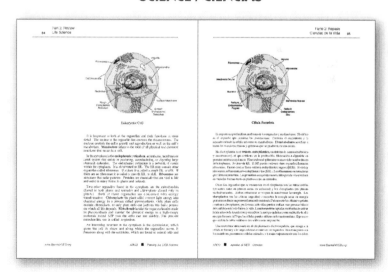

GED Practice Tests Only
Exámenes de práctica del GED
(includes practice tests only)
Spanish / English

$24.95 each

The GED Practice Tests are designed to be both diagnostic and review. Students preparing to take the exam can use these tests to:

1. Determine which of the five subject areas they should concentrate on when studying for the exam;
2. Measure their progress over time as they review the practice tests after studying the lessons; and,
3. Review the entire test prior to going into the exam room.

Like the GED lessons, the GED Practice Tests are bilingual and presented on facing pages for increased comprehension and an improved chance of passing.

The GED Practice Test books and CD's contain multiple tests (with both the questions and the answers), so those preparing for the exam will know when they are ready to take the exam and start the next chapter of their lives.

MATHEMATICS / MATEMÁTICAS (132 pages)

 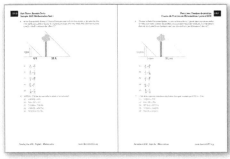

ISBN: 1-884730-55-8 (CD) / ISBN: 1-884730-49-3 (Hardcopy)

SCIENCE / CIENCIAS (150 pages)

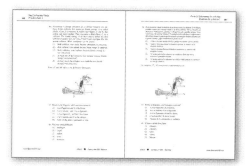

ISBN: 1-884730-56-6 (CD) / ISBN: 1-884730-50-7 (Hardcopy)

SOCIAL STUDIES / ESTUDIOS SOCIALES (122 pages)

ISBN: 1-884730-57-4 (CD) / ISBN: 1-884730-52-3 (Hardcopy)

LANGUAGE ARTS (READING & WRITING)
LENGUAJES (LECTURA Y REDACCIÓN) (168 pages)

ISBN: 1-884730-58-2 (CD)
ISBN: 1-884730-51-5 (Hardcopy)

Get That Job!
¡CONSIGUE ESE TRABAJO!

Prepared by InterLingua Educational Publishing as part of its bilingual education and career development series of books.

English Edition

Spanish Edition

Spanish/English Edition

Career advice, in Spanish and English, for high school graduates, and GED Certificate and Associate's Degree recipients.

InterLingua
Educational▪Publishing

ORDER FORM
Order Date _____

423 S. Pacific Coast Hwy, Suite 208
Redondo Beach, CA 90277
Tel: 310.792.3635 • Fax: 310.356.3578
e-mail:GED@SpanishGED.org

SHIPPING ADDRESS
Company: _____ Contact: _____
Shipping Address: _____
_____
City:_____ State: _____ Zip: _____
Phone: _____ Email: _____

BILLING ADDRESS
Company: _____ Contact: _____
Address: _____
_____
City:_____ State: _____ Zip: _____
Phone: _____ Email: _____

PAYMENT
❑ Check Enclosed ❑ MasterCard ❑ VISA ❑ American Express ❑ Purchase Order
Cardholder's Name: _____ Account Number: _____ Exp.Date: _____
Signature: _____ Date: _____

GET THAT JOB! / ¡CONSIGUE ESE TRABAJO!

Resume books	Hard Copy (ISBN)	Qty	CD* (ISBN)	Qty	Price per Item	Total
GET THAT JOB! (English only)	1-60299-143-X (978-1-60299-143-9)		1-60299-159-6 (978-1-60299-159-0)		$14.99	
¡CONSIGUE ESE TRABAJO! (Spanish only)	1-60299-144-8 (978-1-60299-144-6)		1-60299-160-X (978-1-60299-160-6)		$14.99	
GET THAT JOB! ¡CONSIGUE ESE TRABAJO! (Bilingual version)	1-60299-145-6 (978-1-60299-145-3)		1-60299-161-8 (978-1-60299-161-3)		$19.99	

APRUEBE EL GED / PASSING THE GED

All Five Subjects (includes lessons and practice tests)	CD* (ISBN)	Qty	Price per Item	Total
Spanish only (1-CD)	1-884730-48-5 (978-1-884730-48-1)		$39.95	
Spanish / English (5-CD set)	1-884730-40-X (978-1-884730-40-5)		$79.95	

Practice Tests (Spa/Eng) (includes practice tests only)	Hard Copy (ISBN)	Qty	CD* (ISBN)	Qty	Price per Item	Total
Matemáticas / Mathematics	1-884730-49-3 (978-1-884730-49-8)		1-884730-55-8 (978-1-884730-55-9)		$24.95	
Ciencias/ Science	1-884730-50-7 (978-1-884730-50-4)		1-884730-56-6 (978-1-884730-56-6)		$24.95	
Estudios Sociales/ Social Studies	1-884730-52-3 (978-1-884730-52-8)		1-884730-57-4 (978-1-884730-57-3)		$24.95	
Lenguaje / Language Arts	1-884730-51-5 (978-1-884730-51-1)		1-884730-58-2 (978-1-884730-58-0)		$24.95	

TADELL Bilingual Math Glossaries

Bilingual Math Glossaries (Spa/Eng)	1-884730-69-8 (978-1-884730-69-6)				$24.95	

*Also available via downloading from www.SpanishGED.org

Available through Baker and Taylor for libraries.
http://www.btol.com/

Shipping
6% of subtotal
with a $6 minimum.

Subtotal:	
Tax:	
S + H (Ground):	
TOTAL:	

6656158R0

Made in the USA
Charleston, SC
19 November 2010